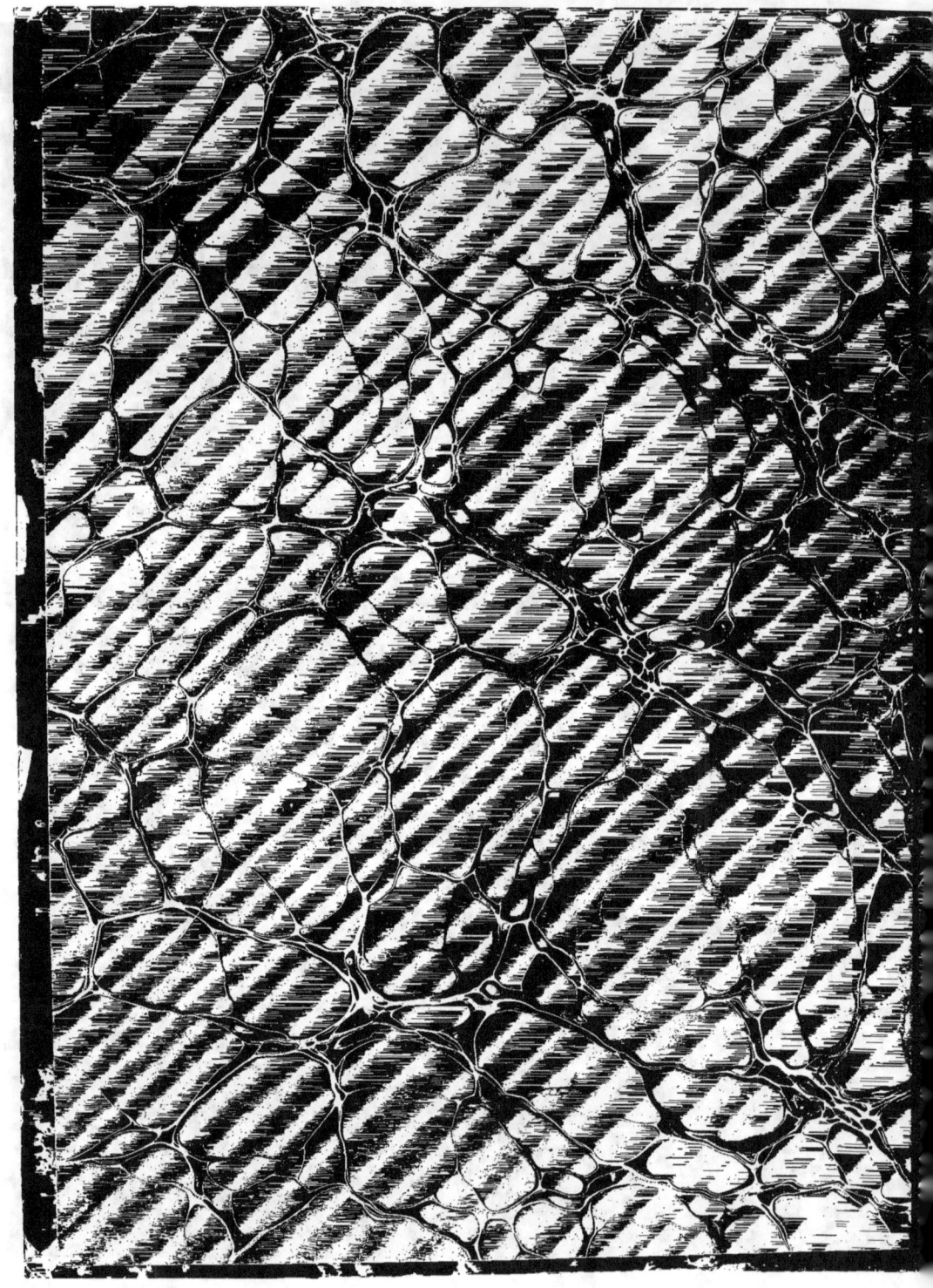

V

P—316

3. B. 8.

Ⓒ

15629

VIES ET OEUVRES

DES

PEINTRES LES PLUS CÉLÈBRES.

VIES ET ŒUVRES

DES

PEINTRES LES PLUS CÉLÈBRES

DE TOUTES LES ÉCOLES;

RECUEIL CLASSIQUE,

CONTENANT

L'ŒUVRE complète des Peintres du premier rang, et leurs Portraits; les principales Productions des Artistes de 2e. et 3e. classes; un Abrégé de la Vie des Peintres Grecs, et un choix des plus belles Peintures antiques;

RÉDUIT ET GRAVÉ AU TRAIT,

D'APRÈS les Estampes de la Bibliothèque nationale et des plus riches Collections particulières;

PUBLIÉ PAR C. P. LANDON, Peintre, ancien Pensionnaire du Gouvernement à l'Ecole Française des Beaux-Arts à Rome, Membre de plusieurs Sociétés Littéraires, Éditeur des Annales du Musée.

A PARIS,

Chez TREUTTEL et WÜRTZ, Libraires, Quai Voltaire, N°. 2.

A STRASBOURG,

Même Maison de Commerce, Grand'rue, N°. 15.

IMPRIMERIE DE CHAIGNIEAU AINÉ.

AN XI. — 1803.

ŒUVRE

DU

POUSSIN.

PREMIÈRE LIVRAISON.

AVIS AUX SOUSCRIPTEURS.

EN attendant que nous ayons rassemblé les dernières pièces de l'Œuvre de Raphaël, qui ne tardera pas à être terminé, nous avons cru devoir, pour accélérer notre travail autant que pour offrir à nos Souscripteurs une agréable variété, nous occuper incessamment de l'Œuvre du Poussin.

La collection des Œuvres de ce grand peintre sera d'autant plus précieuse, qu'il n'en est aucun dont les compositions soutiennent avec plus d'avantage l'épreuve rigoureuse du simple trait. Un trait correct et fidèle peut mettre en évidence cette noble et sage disposition de toutes les parties, cette profondeur de pensée, cette vérité d'expression, cet heureux sentiment des convenances, qui placent Le Poussin au rang des plus beaux génies, et l'ont fait nommer à juste titre le peintre des philosophes et des littérateurs.

De telles considérations ont dû nous déterminer non-seulement à donner à la collection des Œuvres de ce maître un ordre régulier et méthodique, mais encore à la rendre aussi complète qu'il sera possible, et beaucoup plus étendue qu'on ne pourrait la trouver chez aucun amateur ni dans aucune bibliothèque publique ; car outre qu'il n'est aucun recueil connu d'estampes gravées d'après Le Poussin qui ne laisse à desirer quelques pièces plus ou moins rares, il existe, tant en France que dans l'étranger, un certain nombre de tableaux et dessins authentiques de ce maître, qui n'ont point encore été gravés. Plusieurs ont déja été mis à notre disposition. Nous ne négligerons rien pour

TABLE PROVISOIRE

des Planches contenues dans la Première Livraison de l'Œuvre du Poussin.

Fin de la Table provisoire de la Première Livraison.

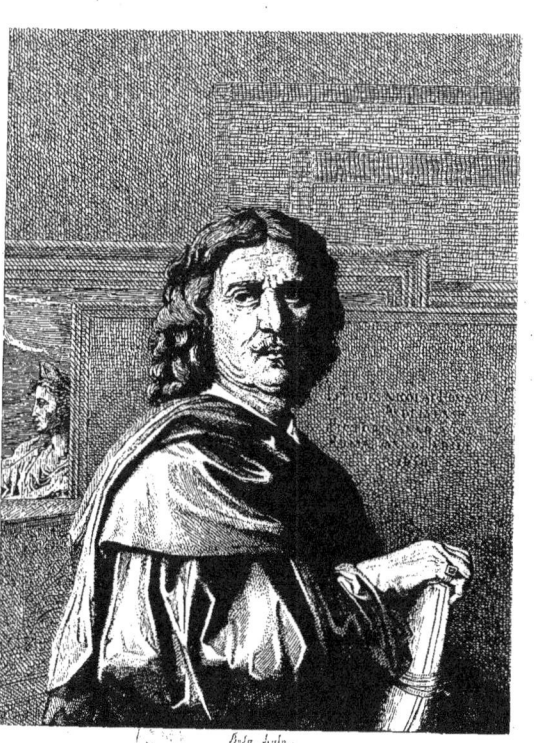

Boily Sculp.

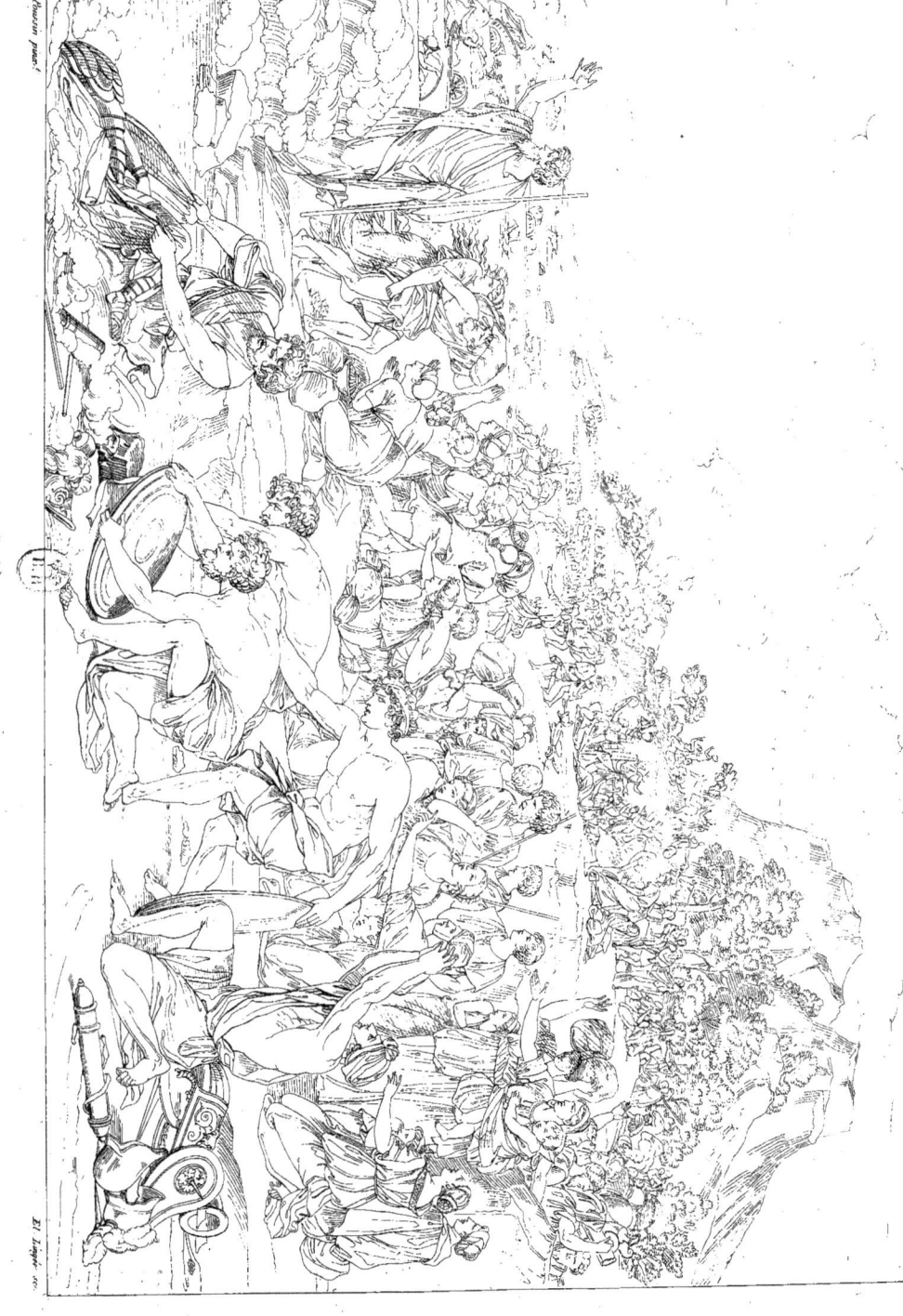

Le Passage de la Mer Rouge.

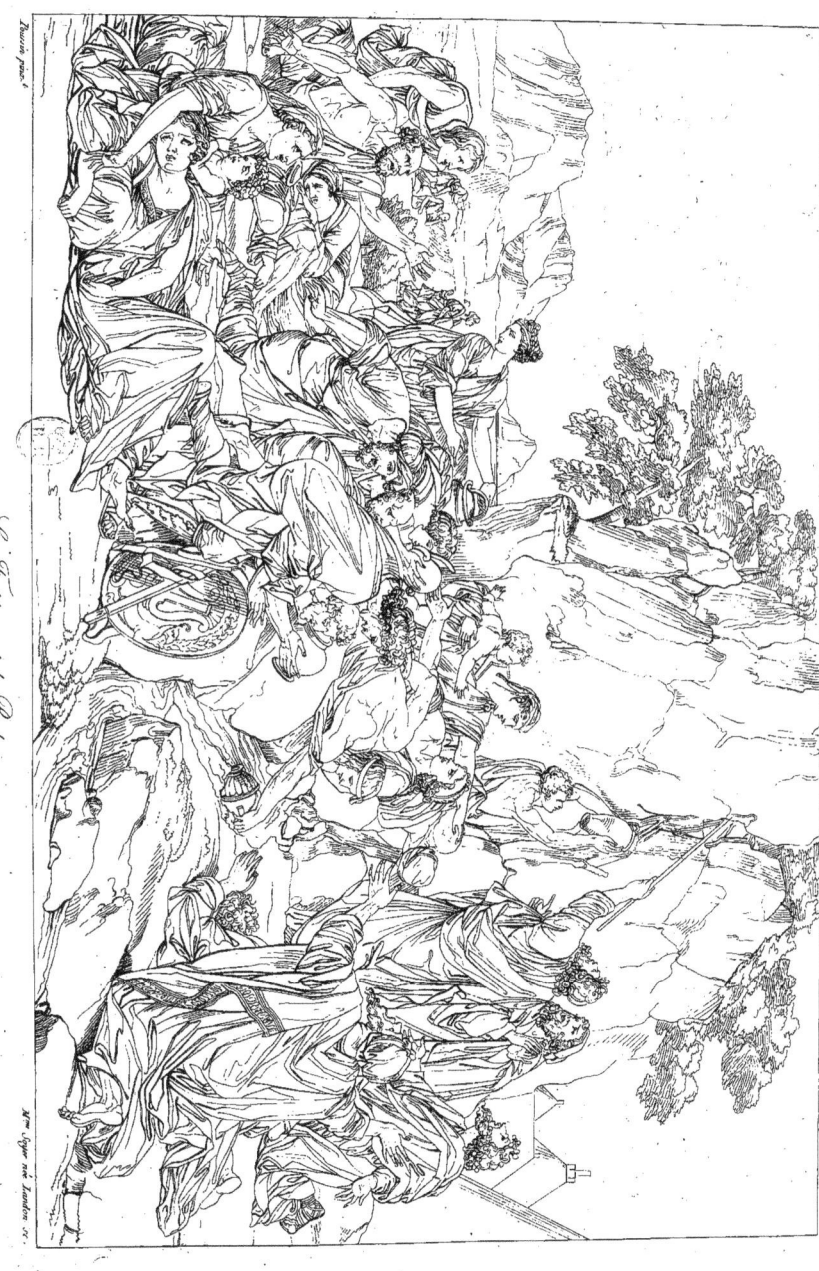

Le Franchissement du Rocher.

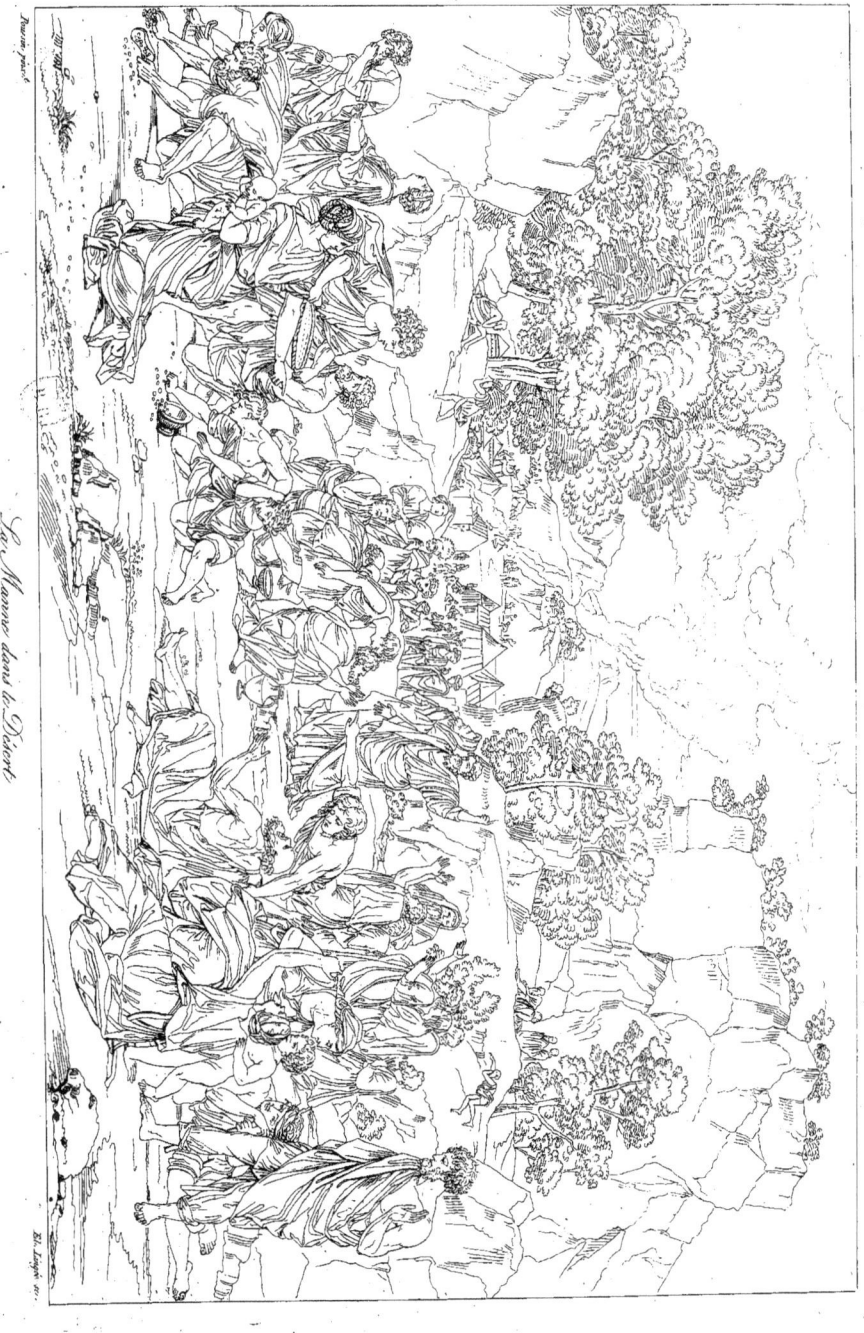

Les Mannes dans le Désert.

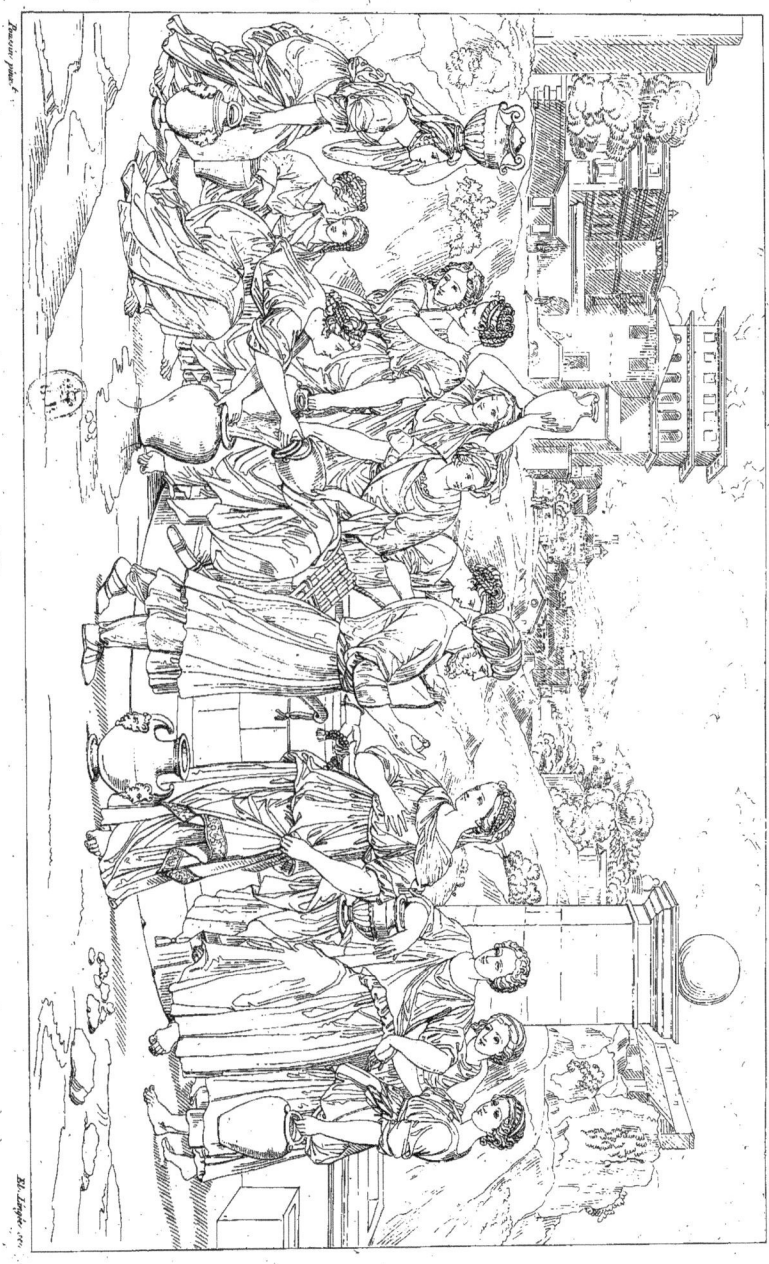

Rubens pinx.ᵗ

El. Lingée sc.

Rebecca & Elieazer.

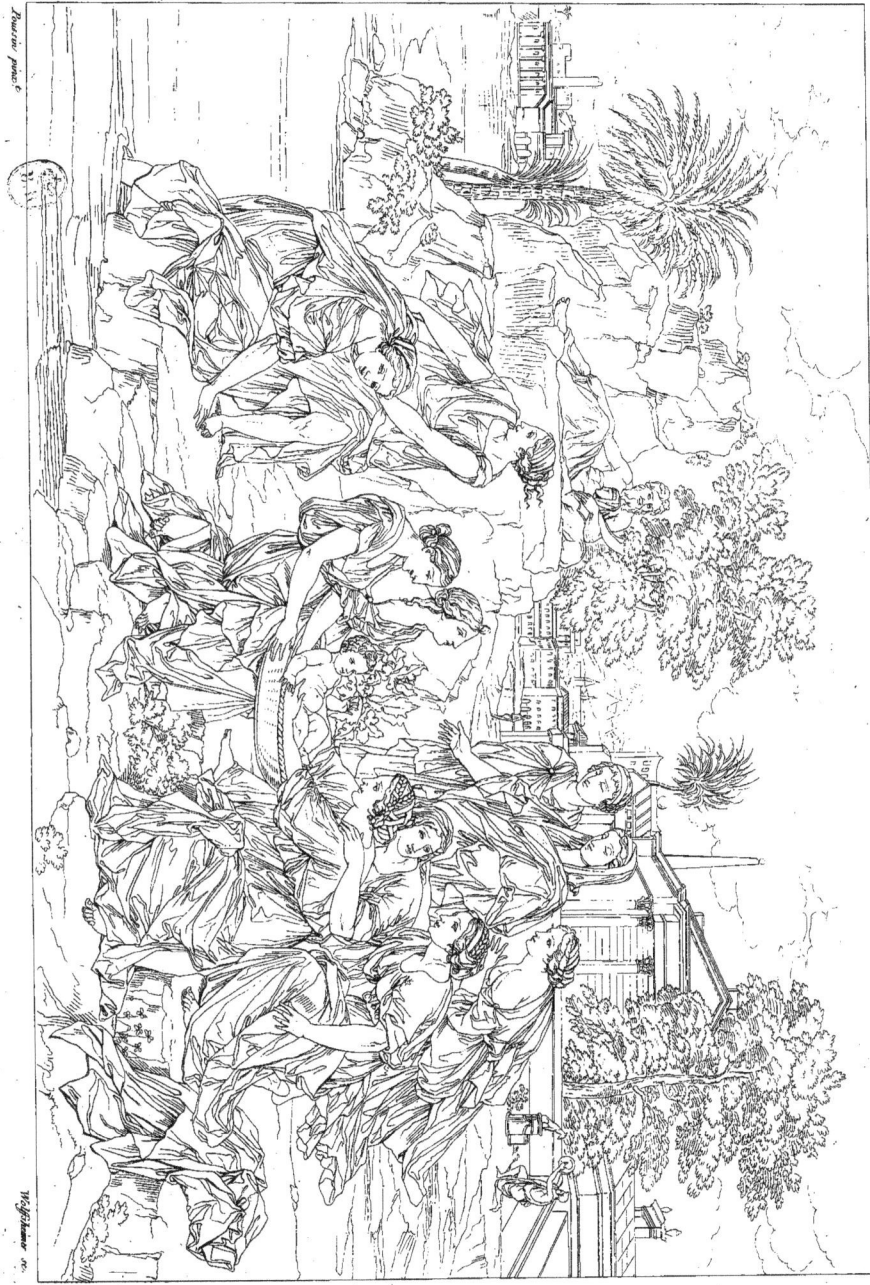

Moyse sauvé des eaux.

Wolfgumme sc.

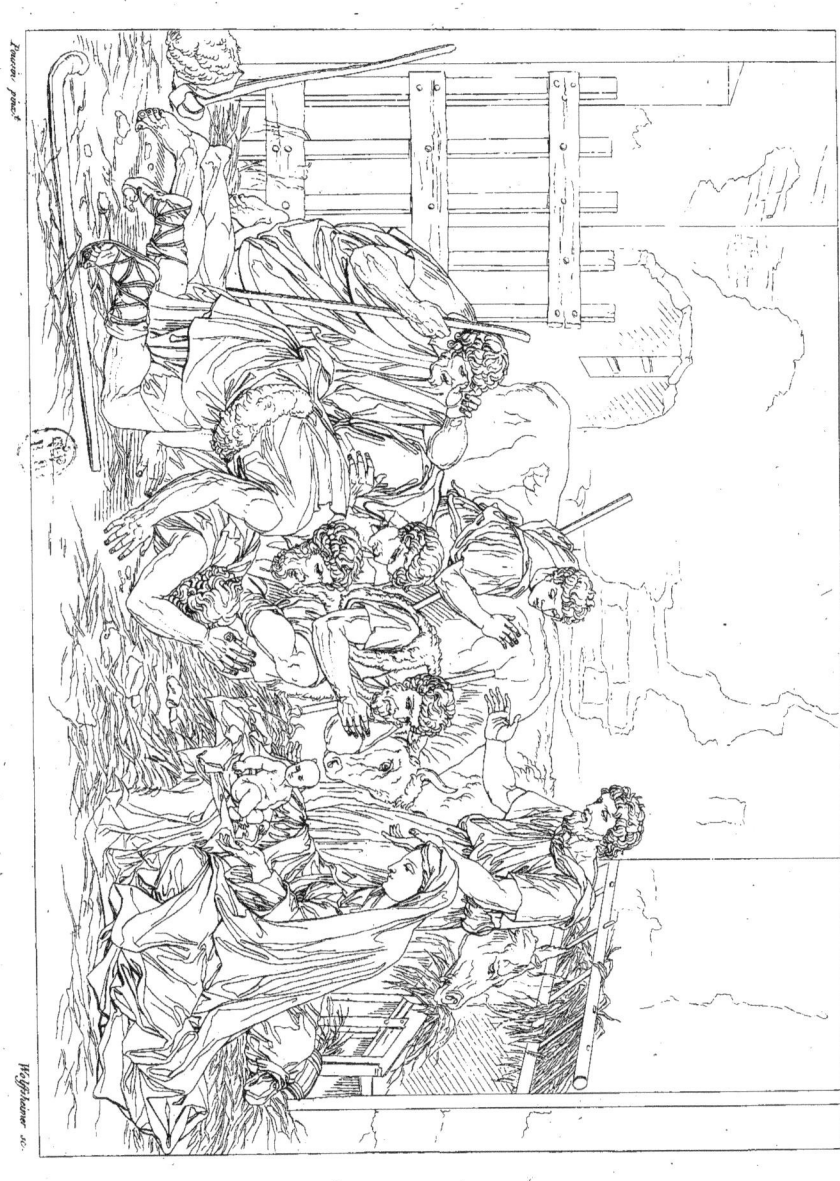

Poussin pinx.ᵗ

La Crèche.

Wolfsheimer sc.

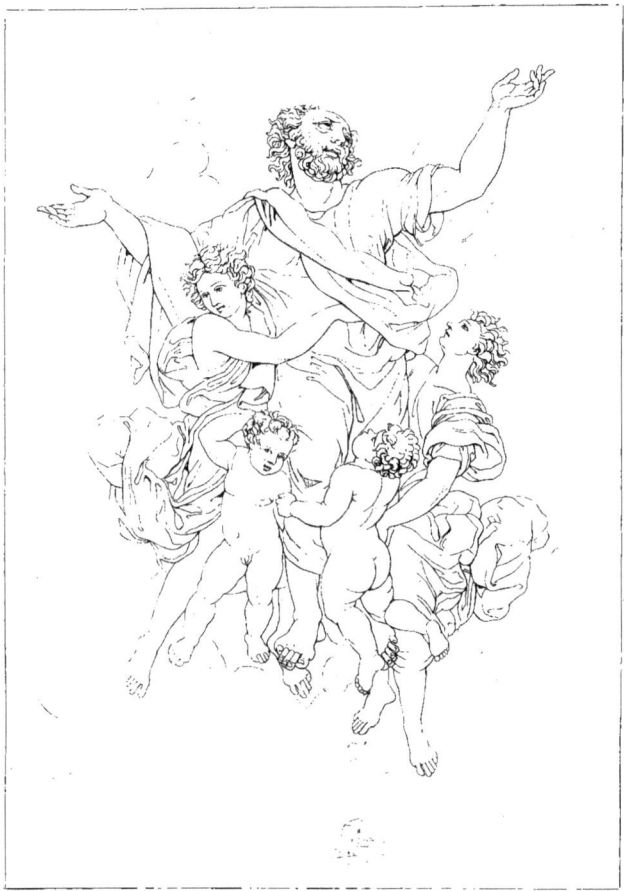

Poussin inv.t   Daqu sc

Le Ravissement de St. Paul.

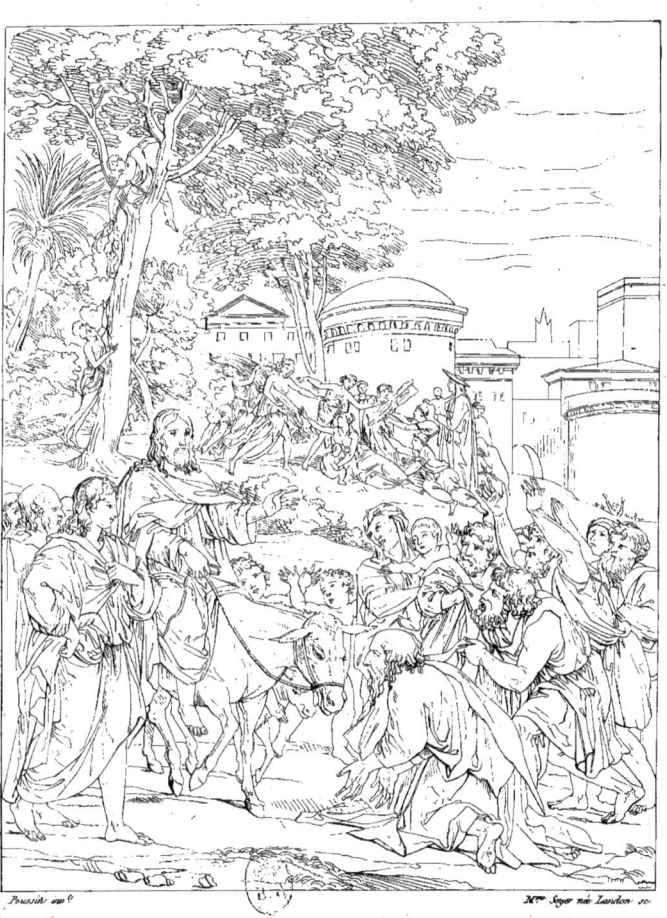

Poussin inv.t   M.me Soyer née Landon sc.

Entrée de Jésus à Jérusalem.

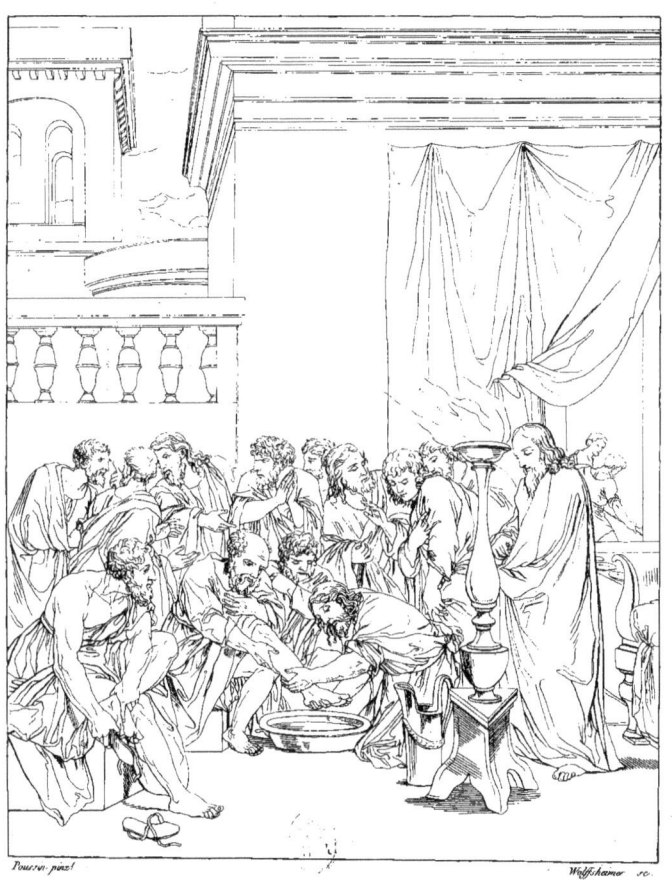

Poussin pinx.!   Wolfschœmer sc.

Jésus lave les pieds des Apôtres.

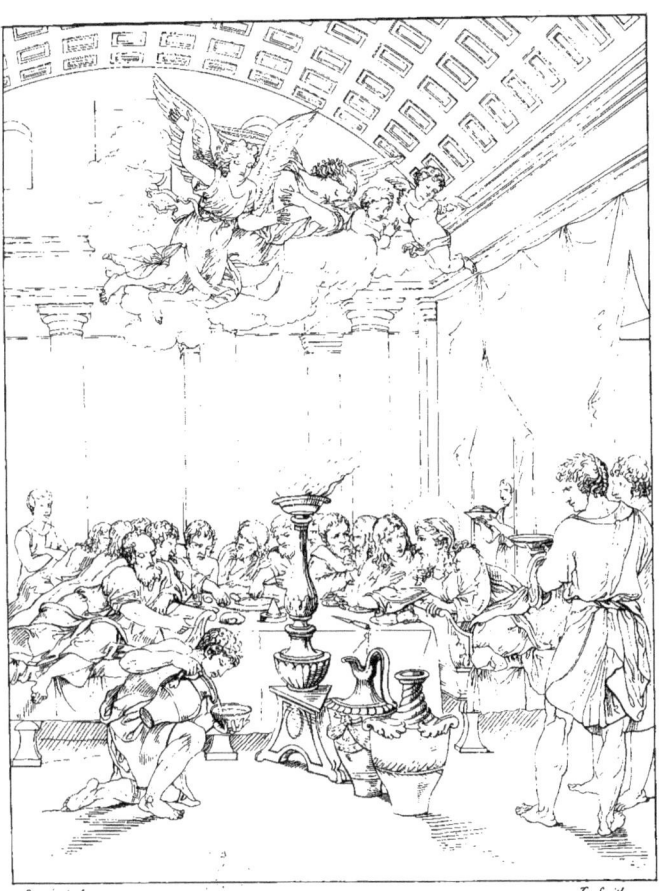

Poussin. inv.^t　　　　　　　　T. Smith. sc.

La Cène.

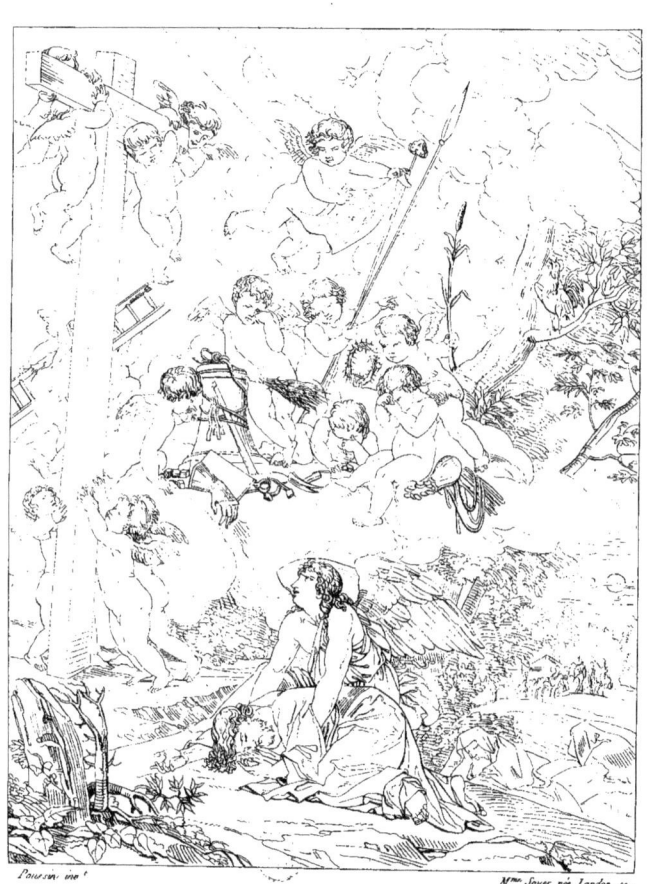

Poussin inv.

M.me Soyer née Landon sc.

Jésus au jardin des Olives.

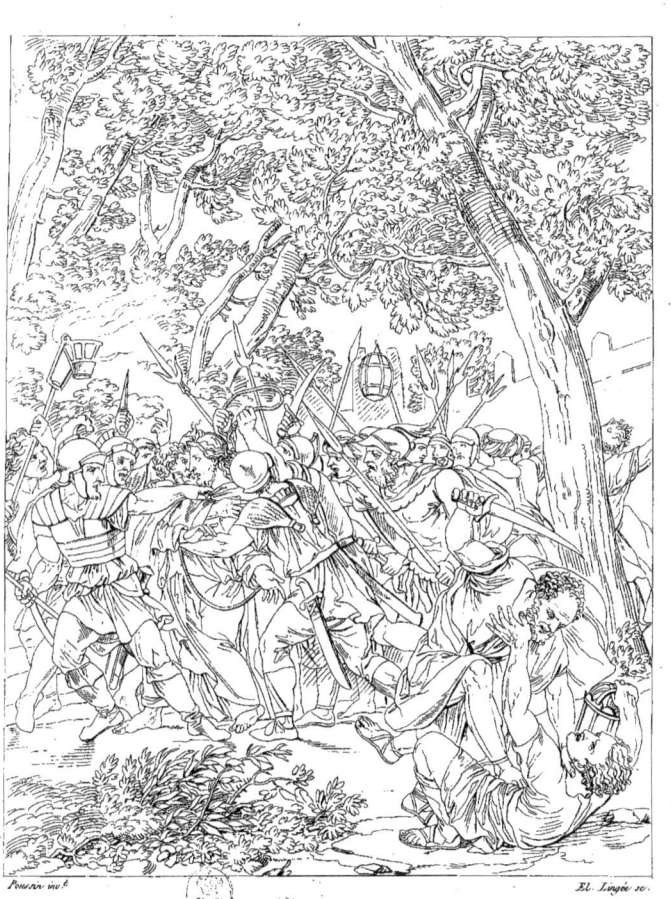

Pousin inv.t   El. Lingée sc.

Prise de Jésus.

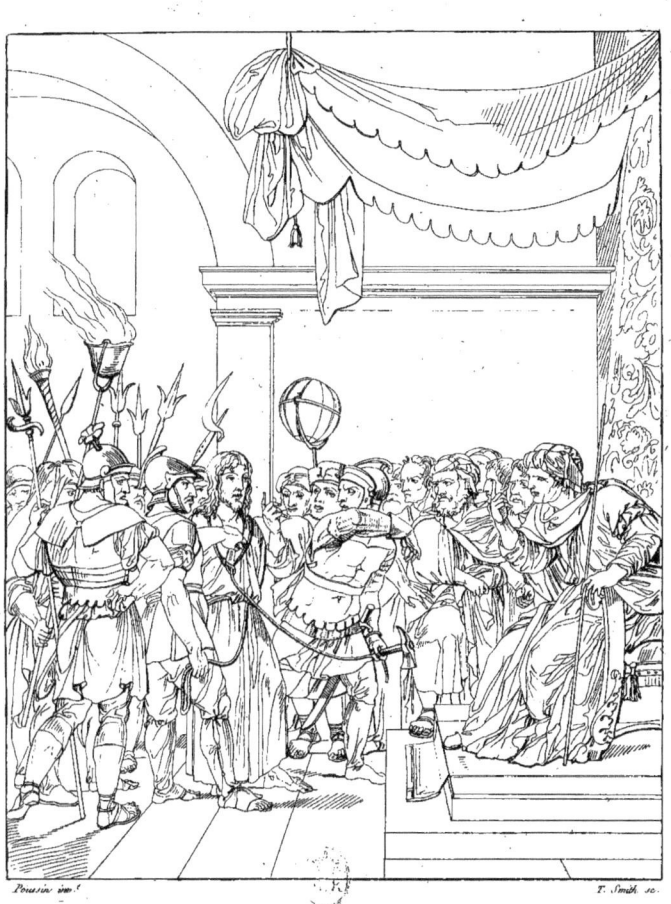

Poussin inv.   T. Smith sc.

Jésus devant Anne.

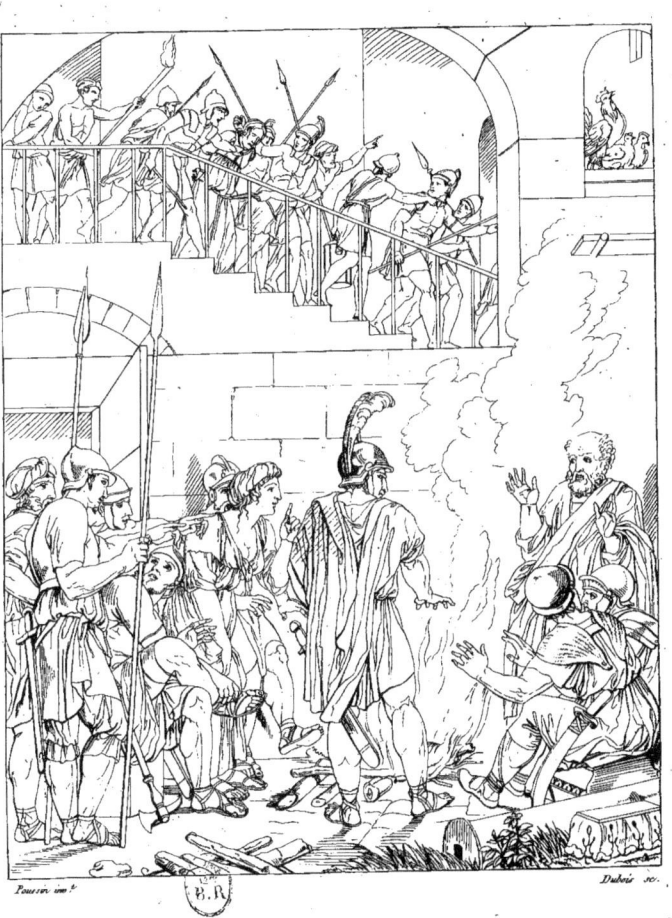

Poussin inv.t   Dubois sc.

Le reniement de S.t Pierre.

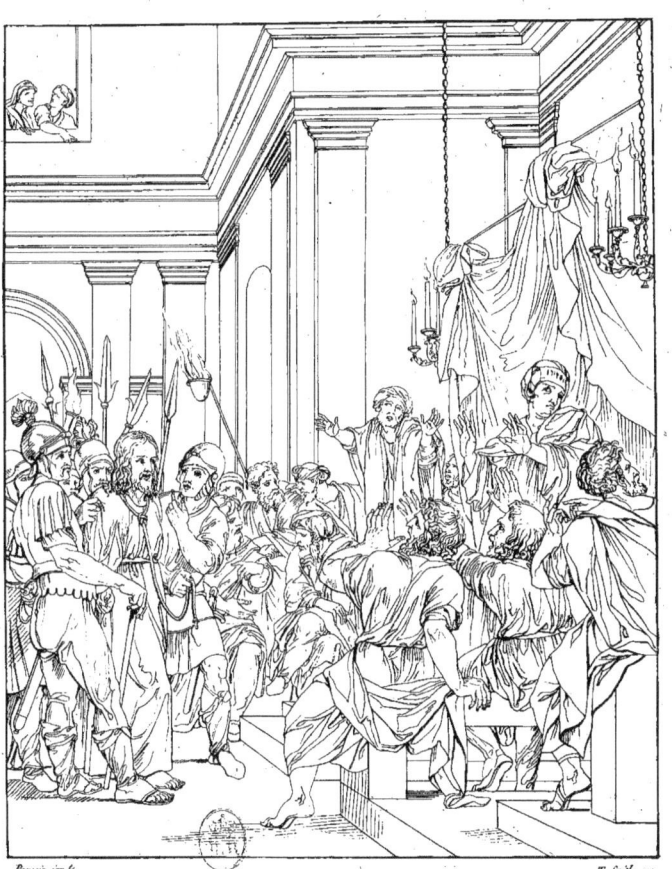

Jésus devant Caïphe.

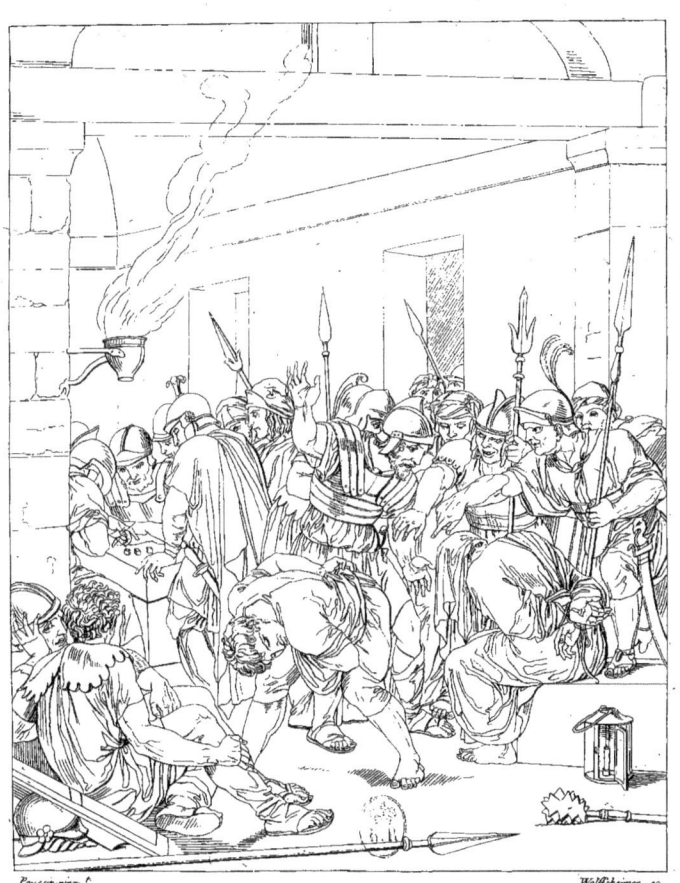

Poussin pinx.   Wolffsheimer sc.

Jésus outragé par les Juifs.

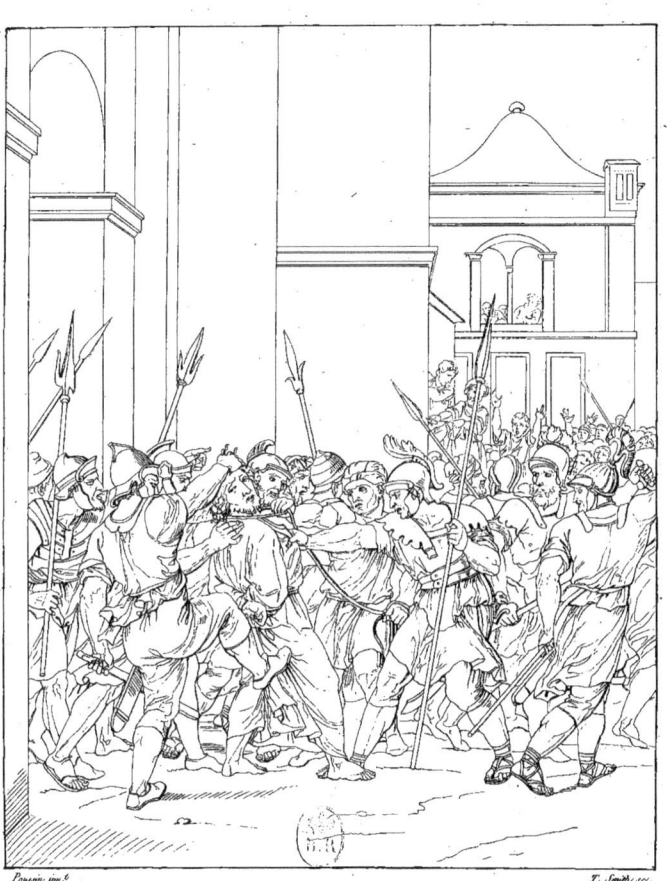

Poussin inv.t   T. Smith sc.

Jésus mené de Caïphe chez Pilate.

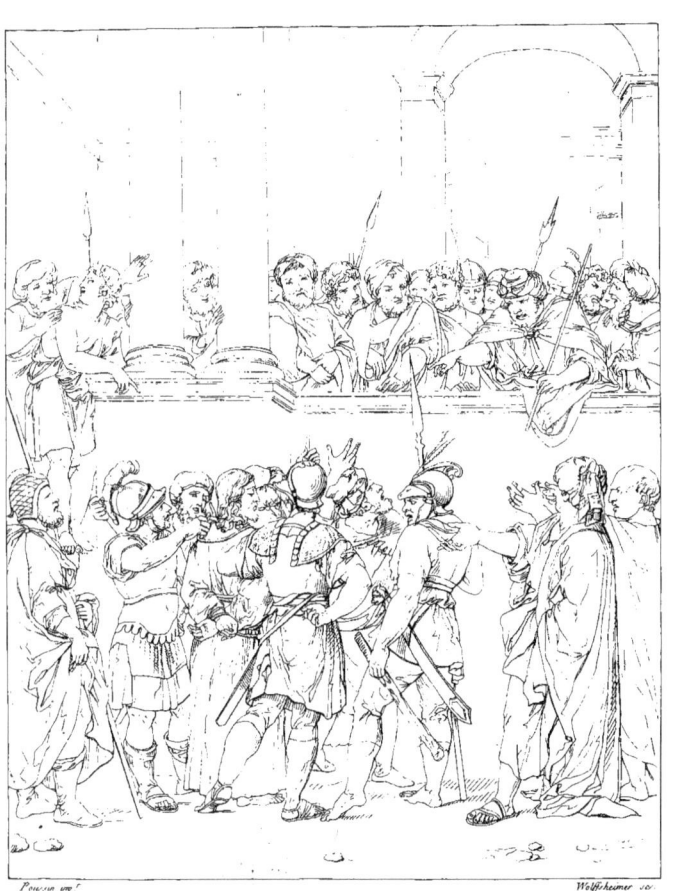

Poussin inv.   Wolfsheimer sc.

Jésus devant Pilate.

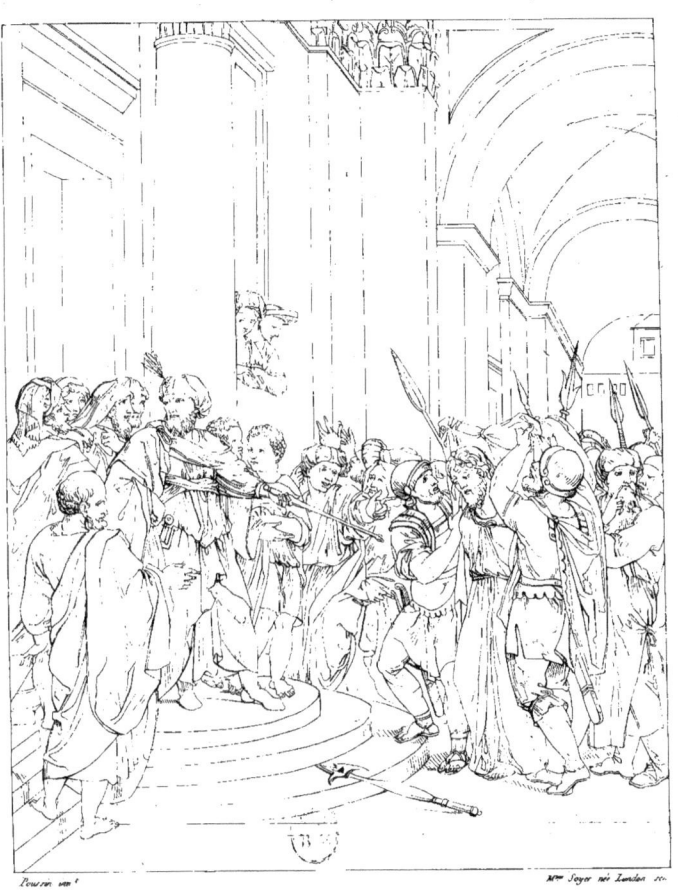

Poussin inv.^t   Mme Soyer née Lemlau sc.

Jésus devant Hérode.

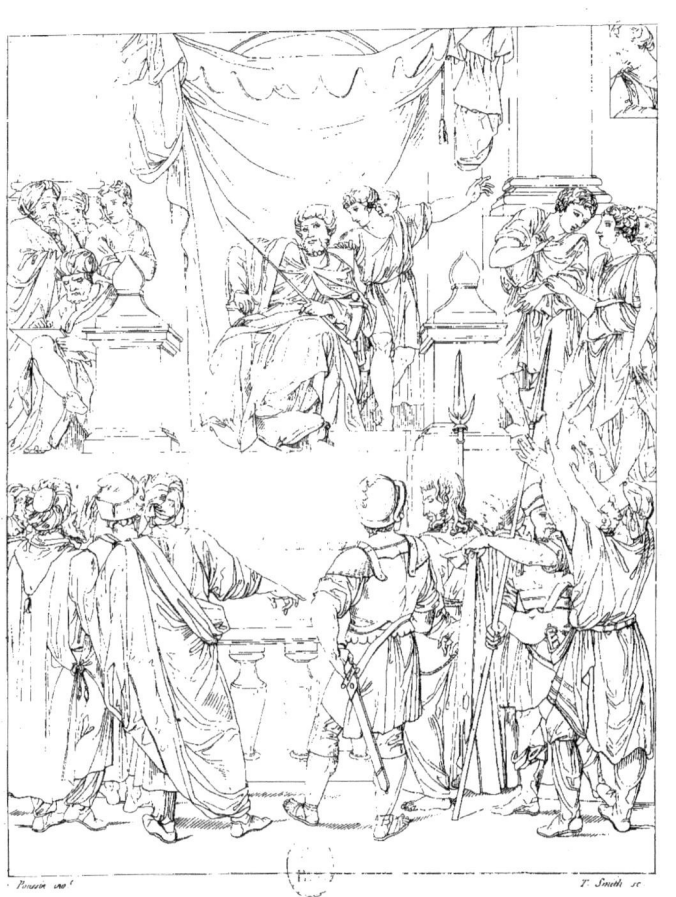

Poussin in.ᵗ   T. Smith sc

Jesus ramené devant Pilate.

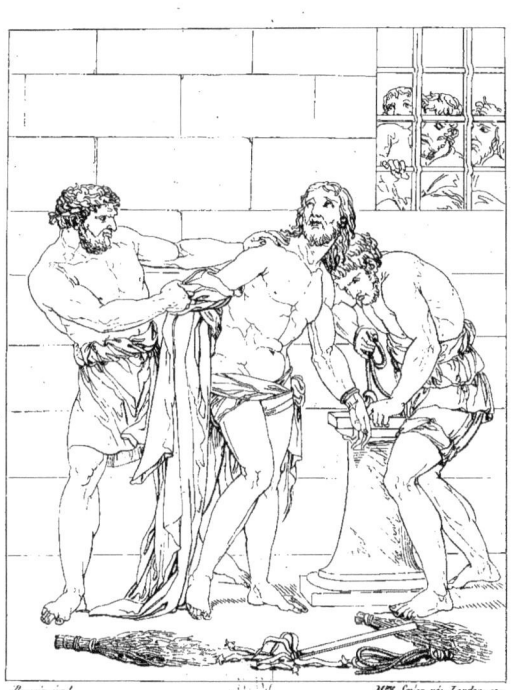

Poussin in.t   M.me Soyer née Landon sc.

La Flagellation.

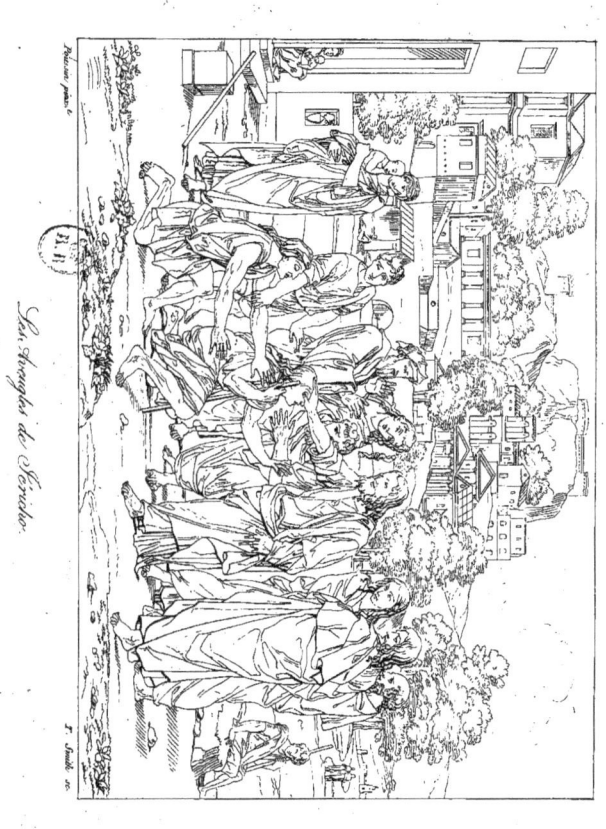

Pelerine poinx.

Pl. II.

Les Aveugles de Nérator.

F. Smith, sc.

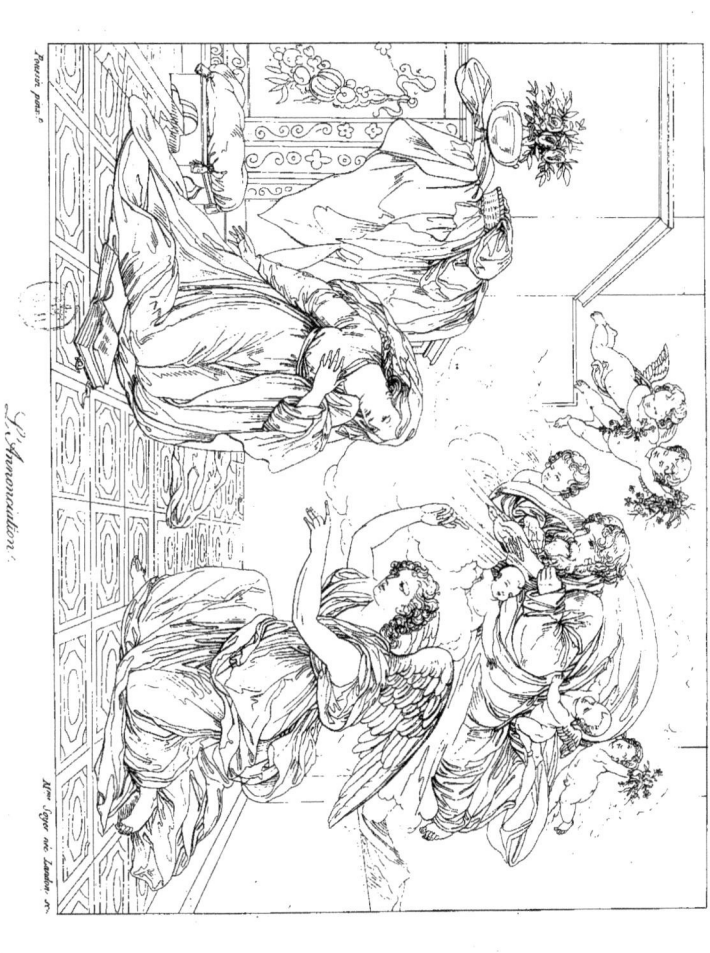

L'Annonciation.

Poussin pinx.

Mme Veyne née Lavollée S.^e

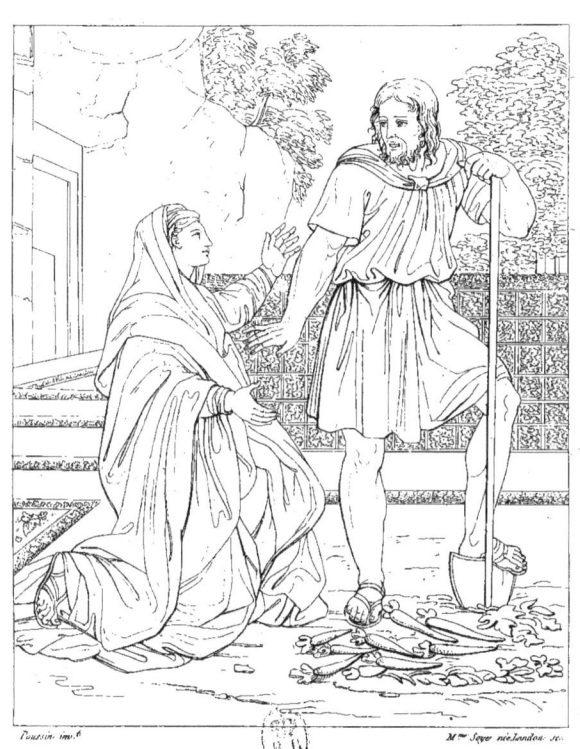

Poussin inv.t

M.me Soyer née London sc.

Jésus-Christ apparait à la Madeleine.

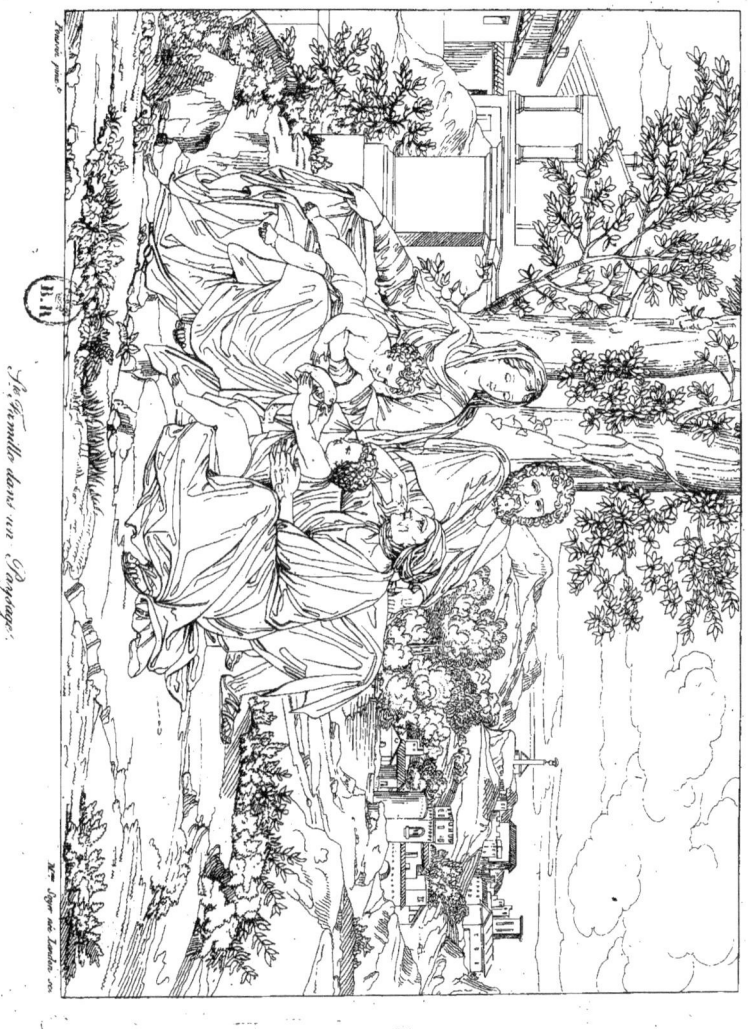

La Famille dans un Paysage.

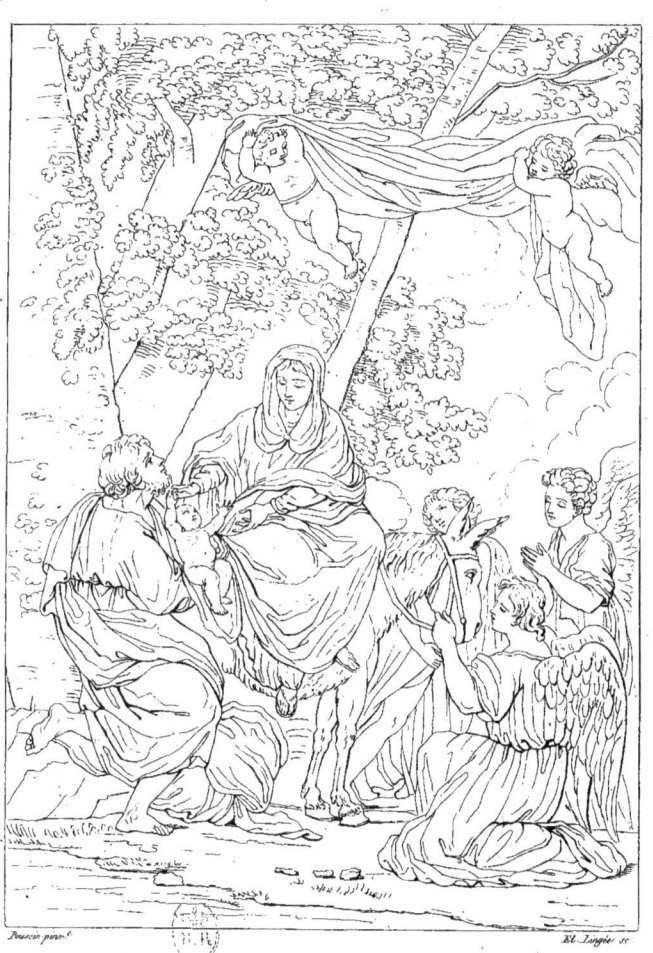

Poussin pinx.   Et. Langier sc.

La fuite en Egypte.

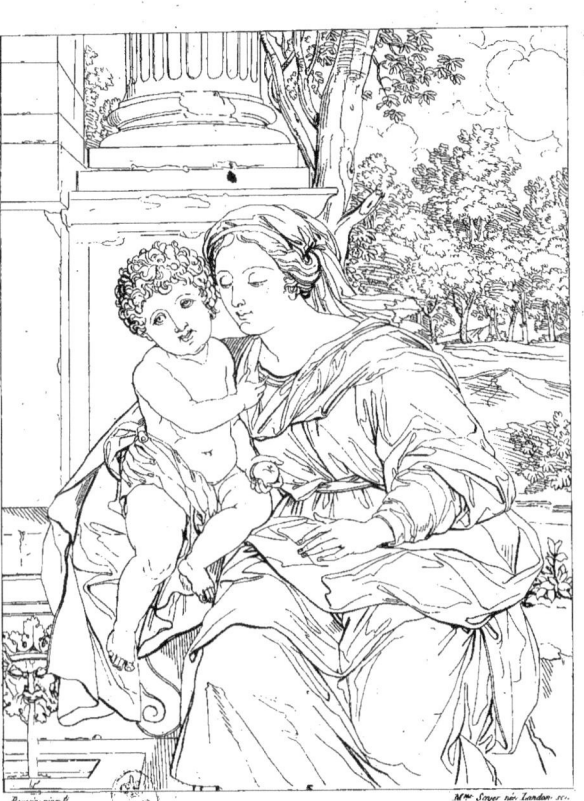

Pauvin pinx.t   M.me Soyer née Landon sc.

La Vierge & l'Enfant Jésus.

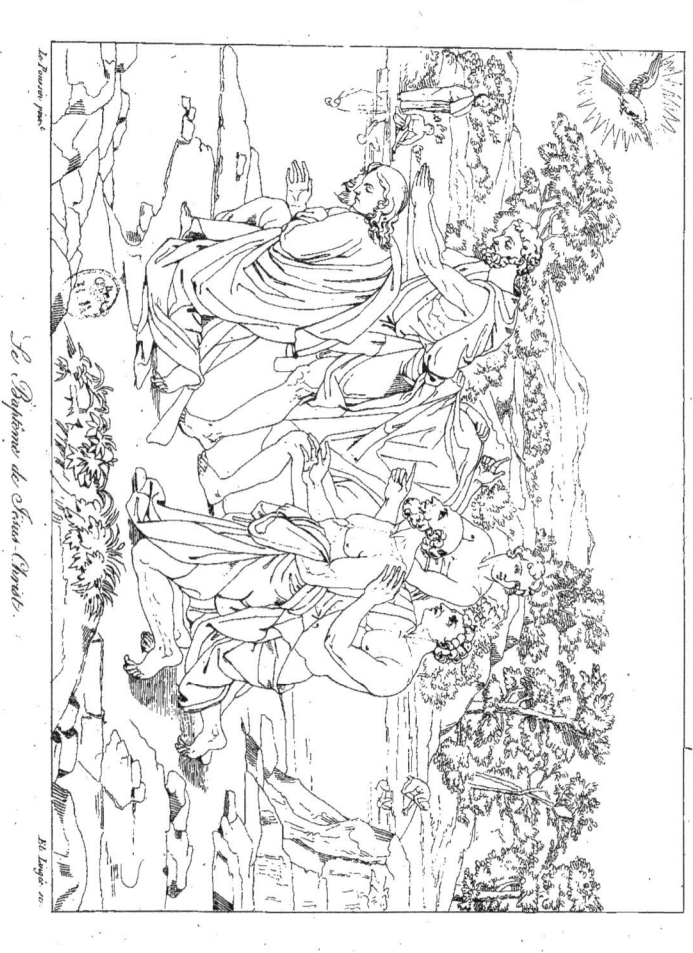

Le Poussin pinx.

Le Baptême de Jésus-Christ.

El. Lingée sc.

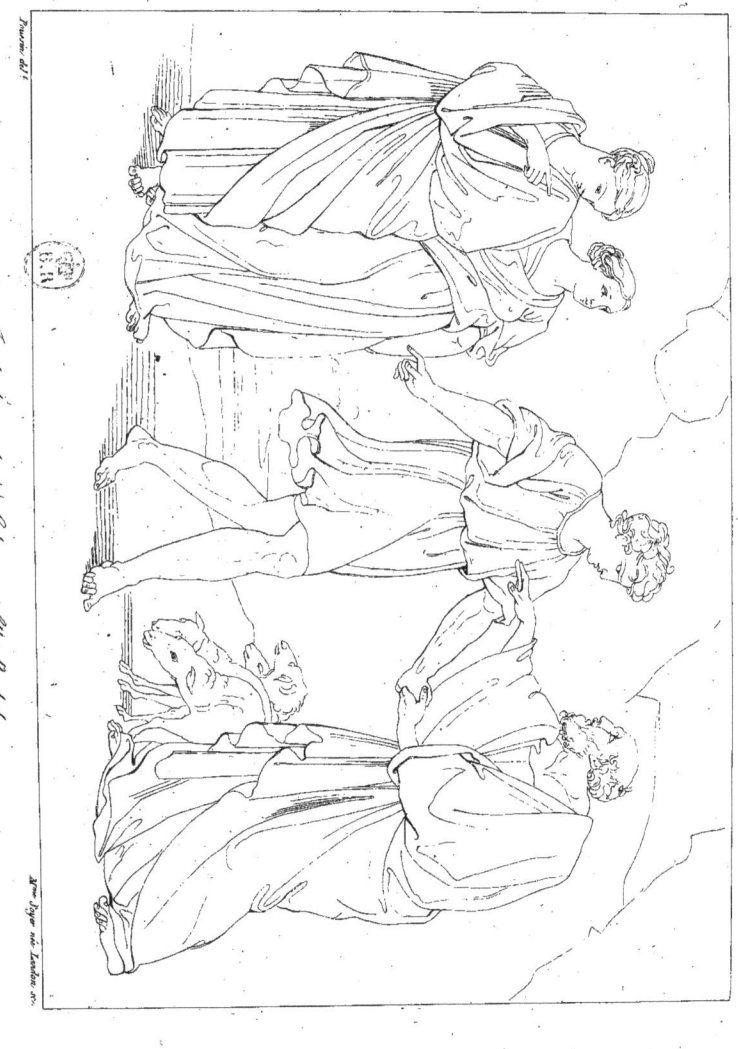

Poussin del.t

Jacob demande à Laban sa fille Rachel.

M.me Dupin rue Lambin etc.

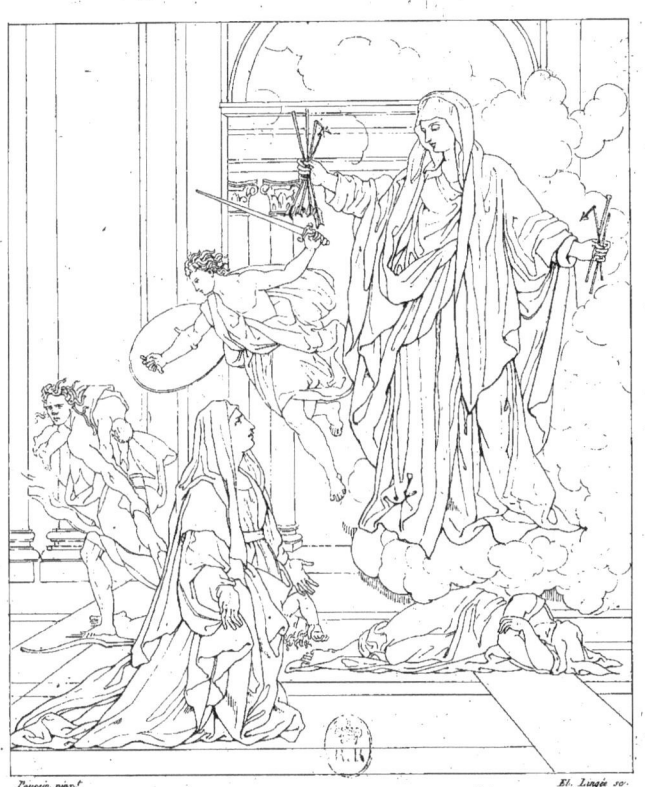

Poussin pinx.t   El. Lingée sc.

Apparition à St.e Françoise.

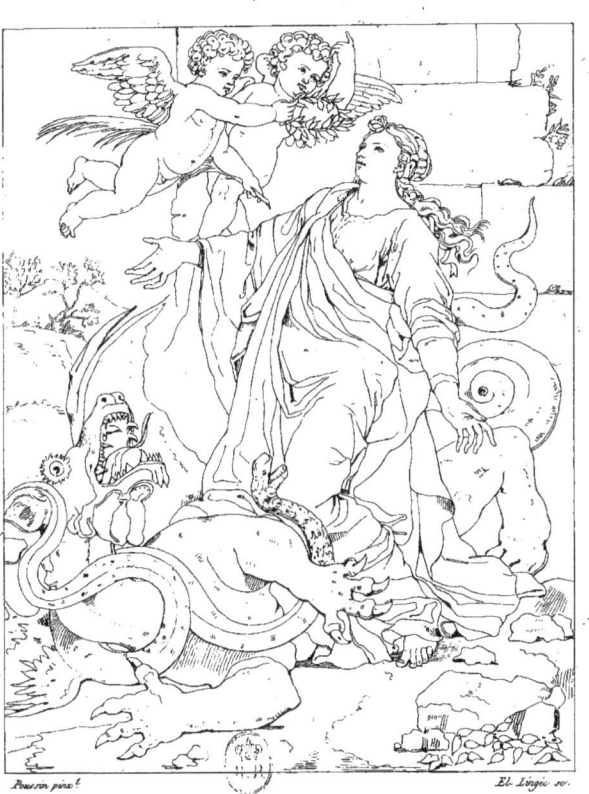

Poussin pinx.t   El. Lingée sc.

Ste Marguerite.

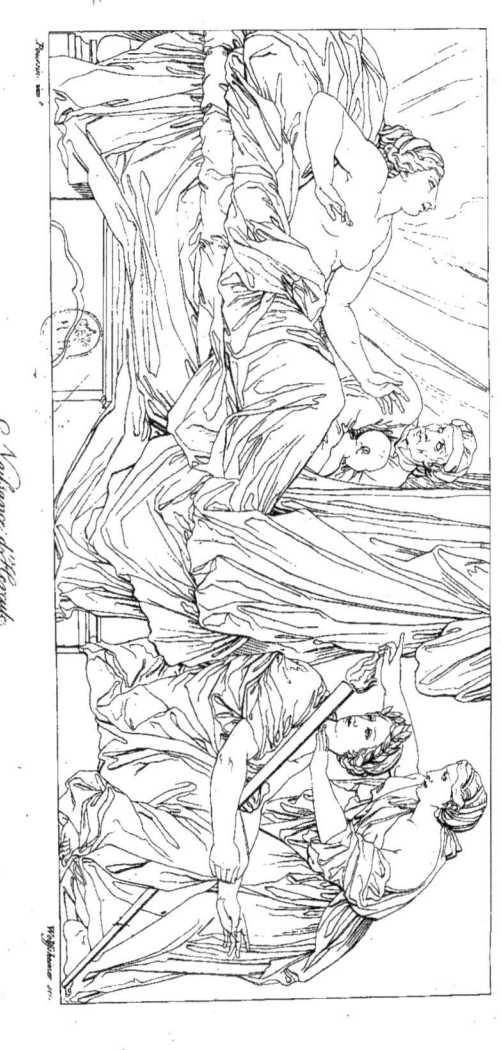

Naissance d'Hercule.

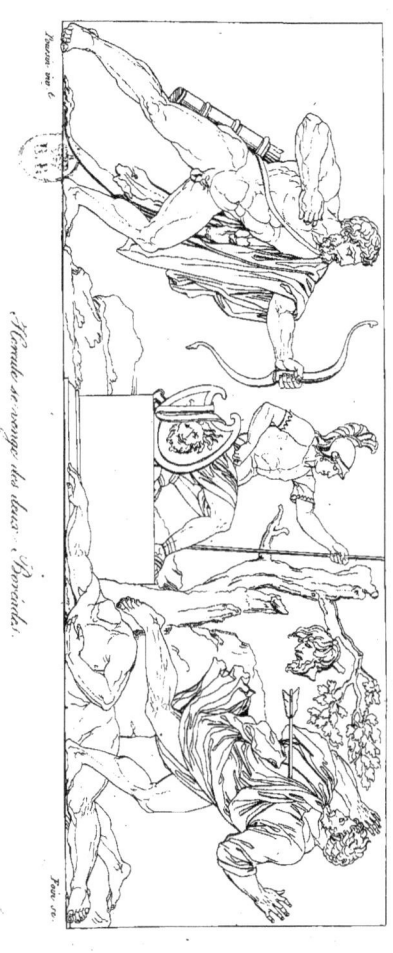

Hercule se venge des deux Perrides.

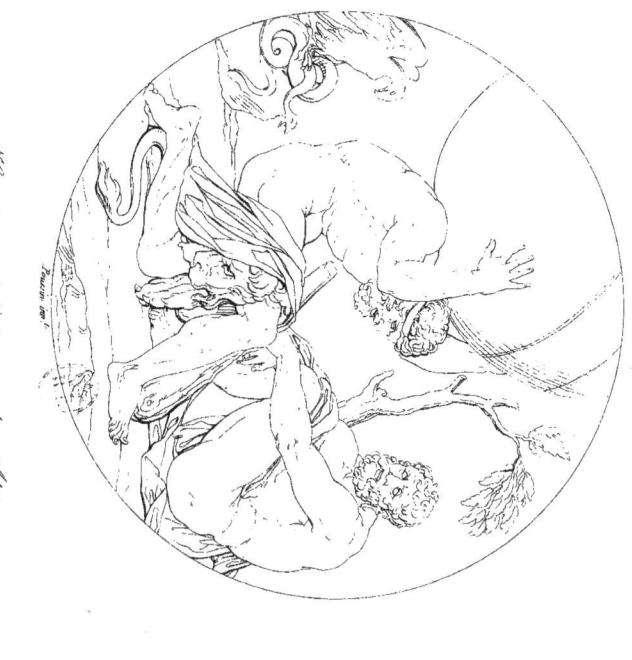

Hercule parte le Ciel pour soulager Atlas

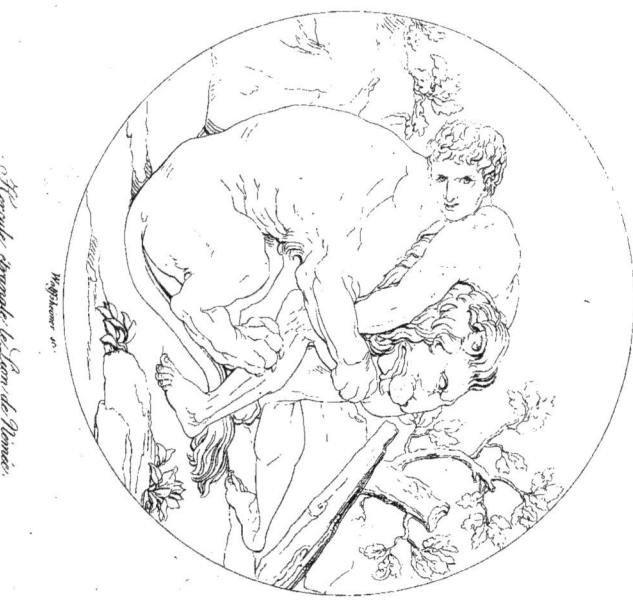

Hercule étrangle le Lion de Némée.

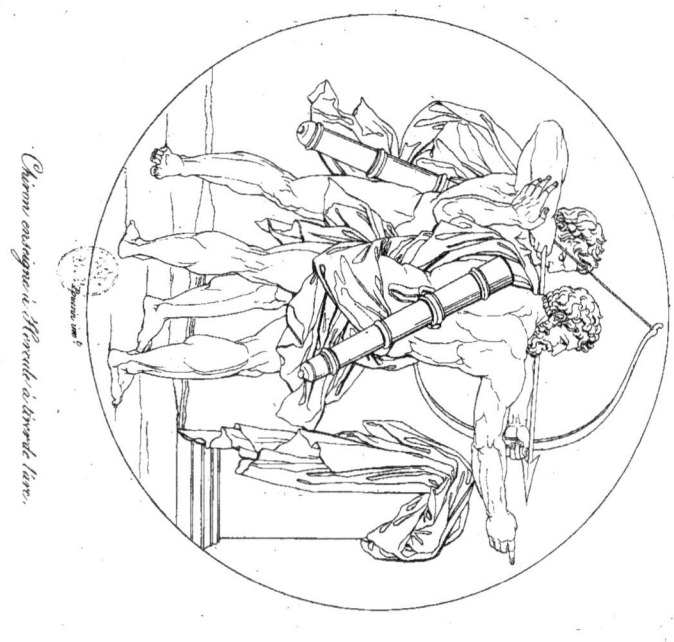

Charon enseigne à Hercule à tirer de l'arc.

Tipuarius inv ?

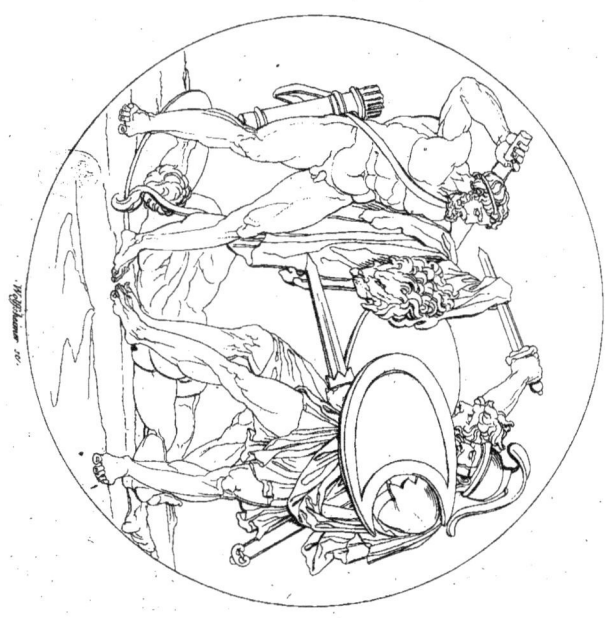

Hercule punit Diomede & Pirode.

Wolffhauer sc.

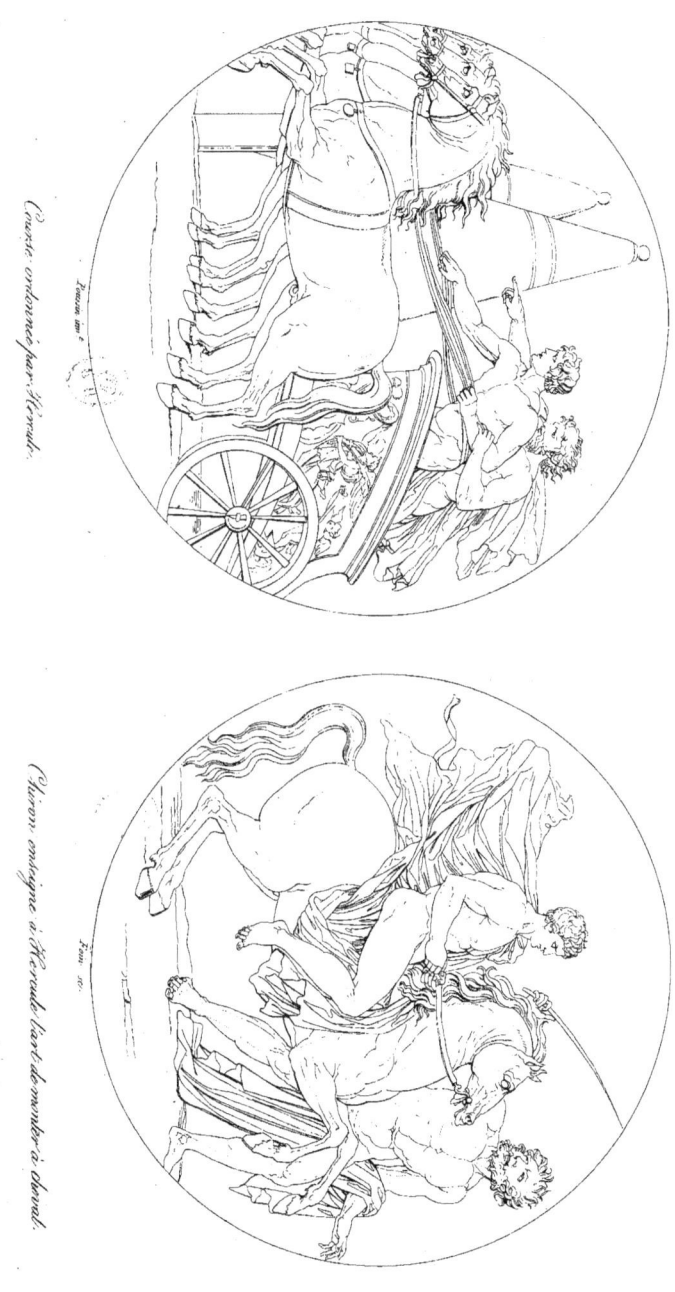

Course ordonnée par Hercule.

Chiron enseigne à Hercule l'art de monter à cheval.

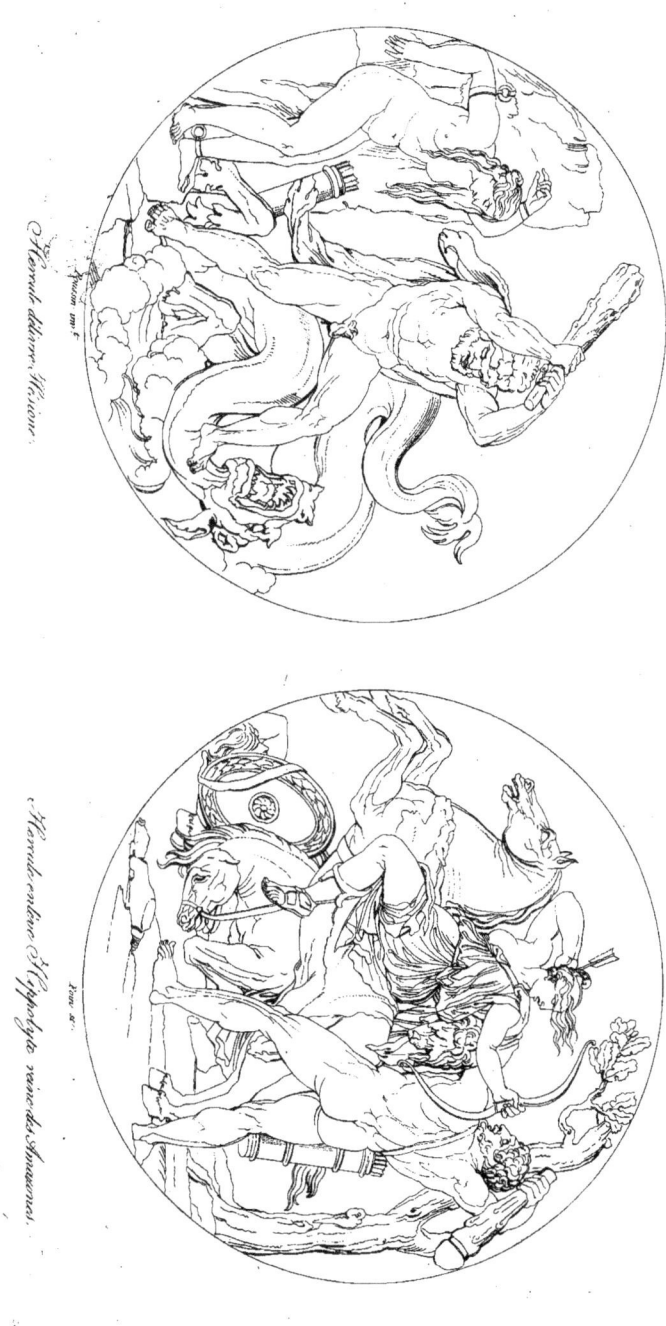

Planche xxx F.

Hercule déterre Alcyone.

Planche xx.

Hercule enlève Hippolyte reine des Amazones.

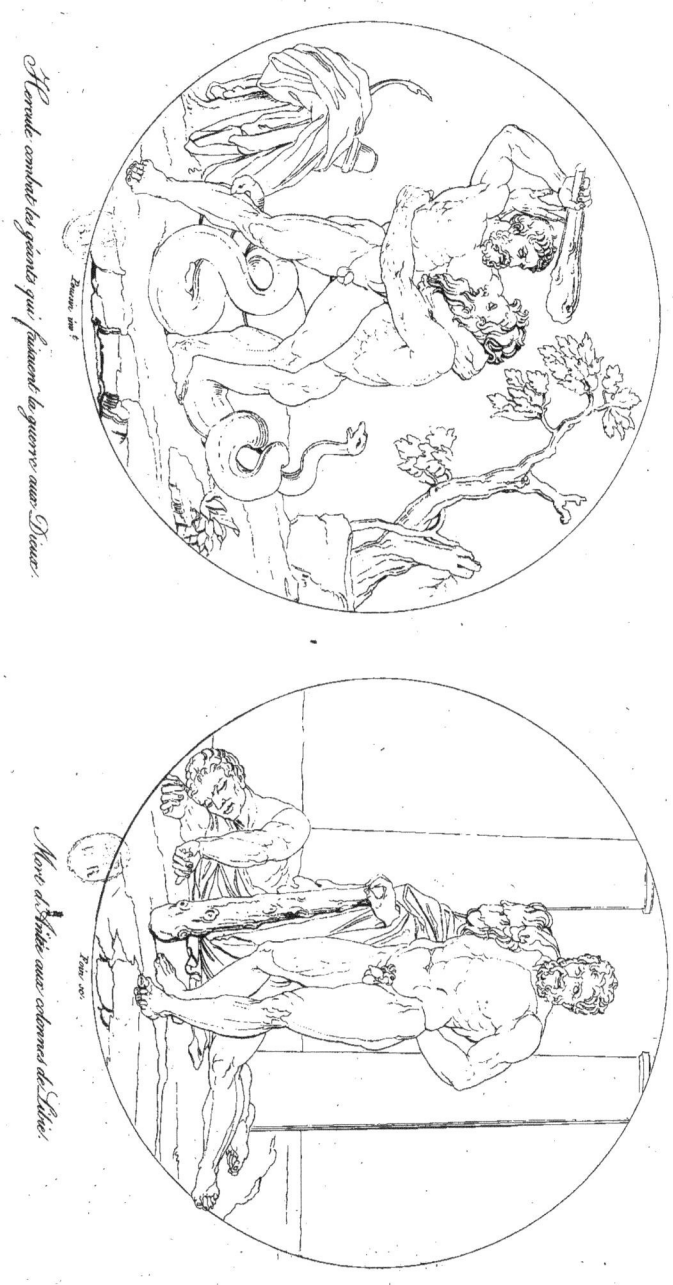

Hercule combat les géants qui faisaient la guerre aux Dieux.

Mort d'Alcide aux colonnes de Libie.

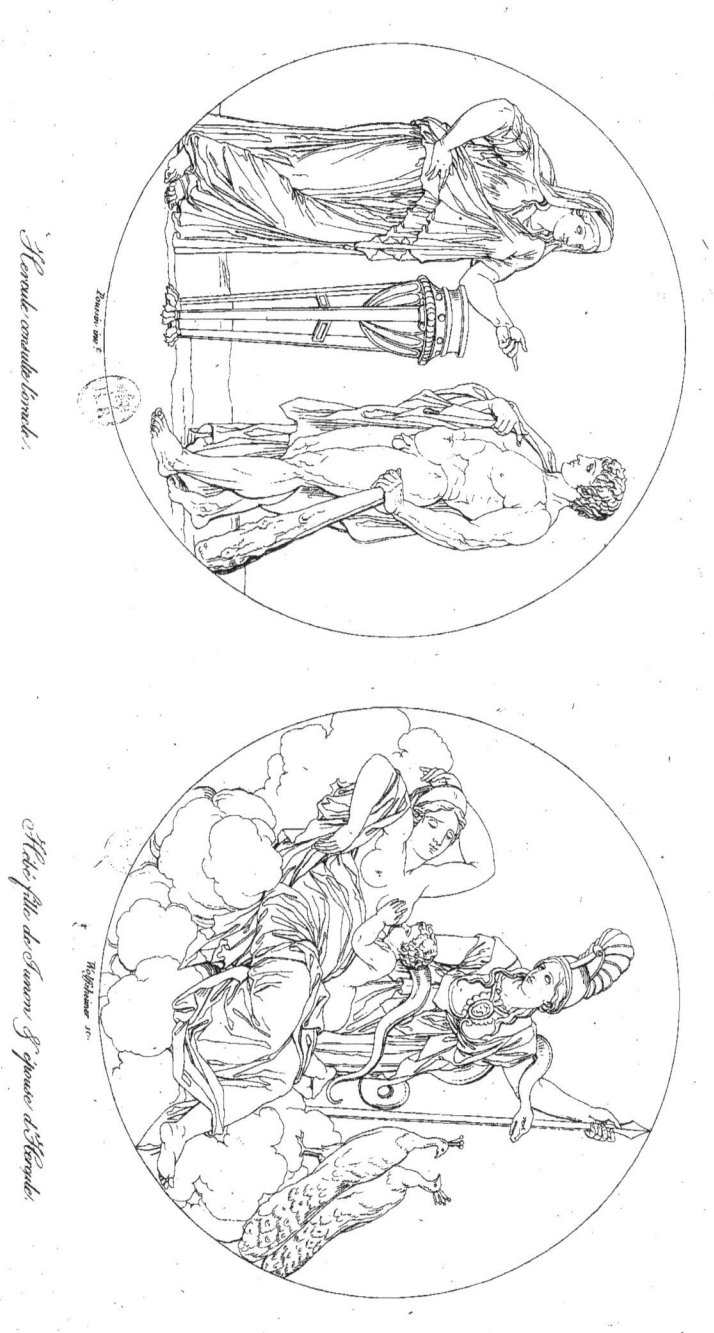

Hercule consulte l'oracle.

Hébé, fille de Junon, épouse d'Hercule.

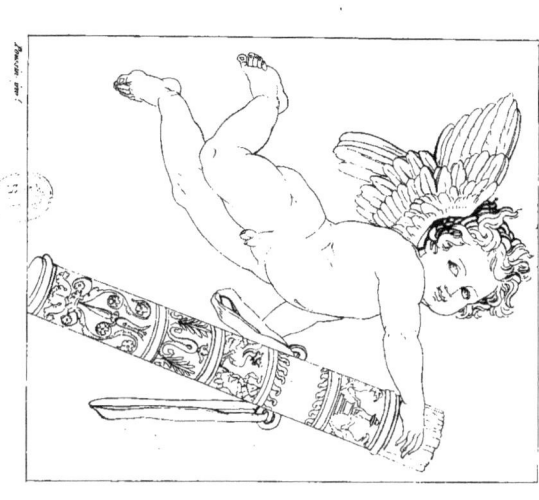

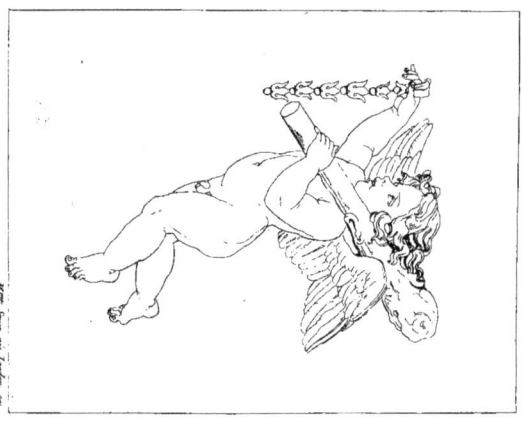

Amours portant les attributs d'Hercule.

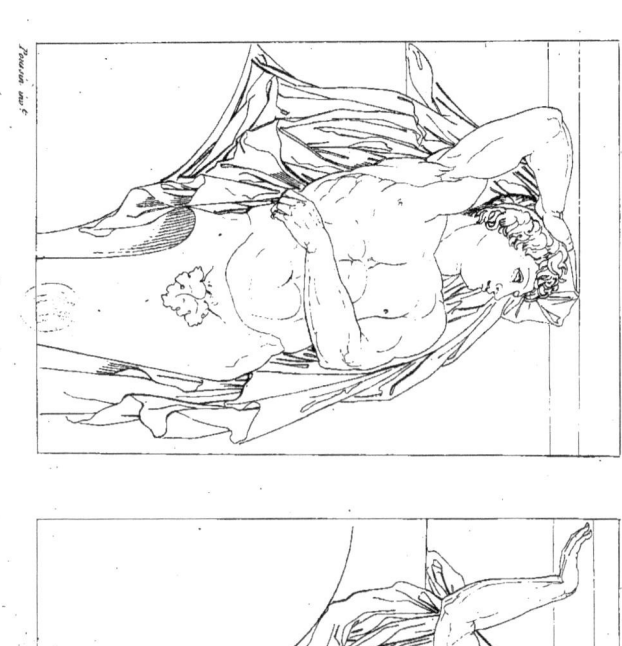

Caryatides.

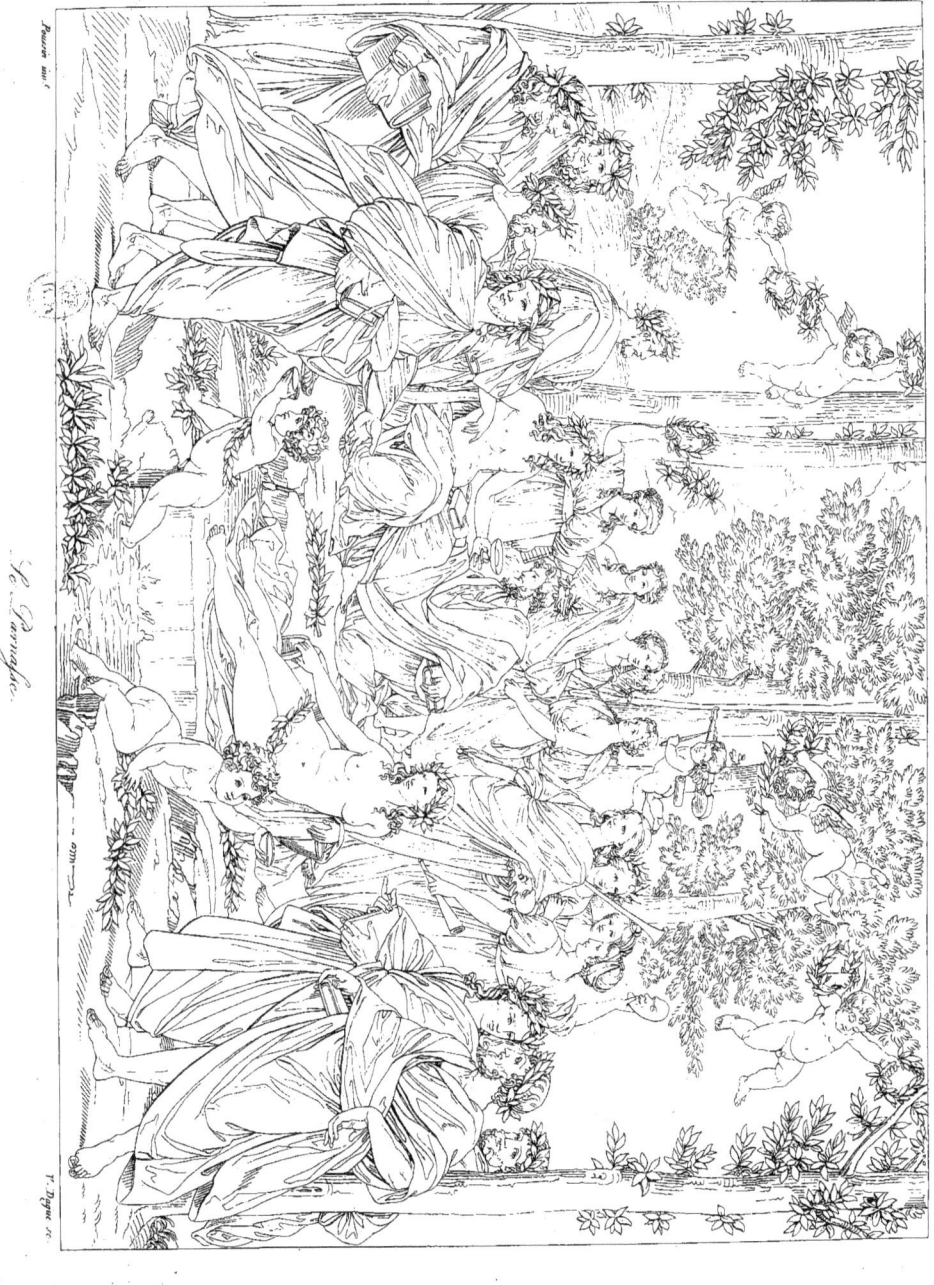

Le triomphe de Neptune.

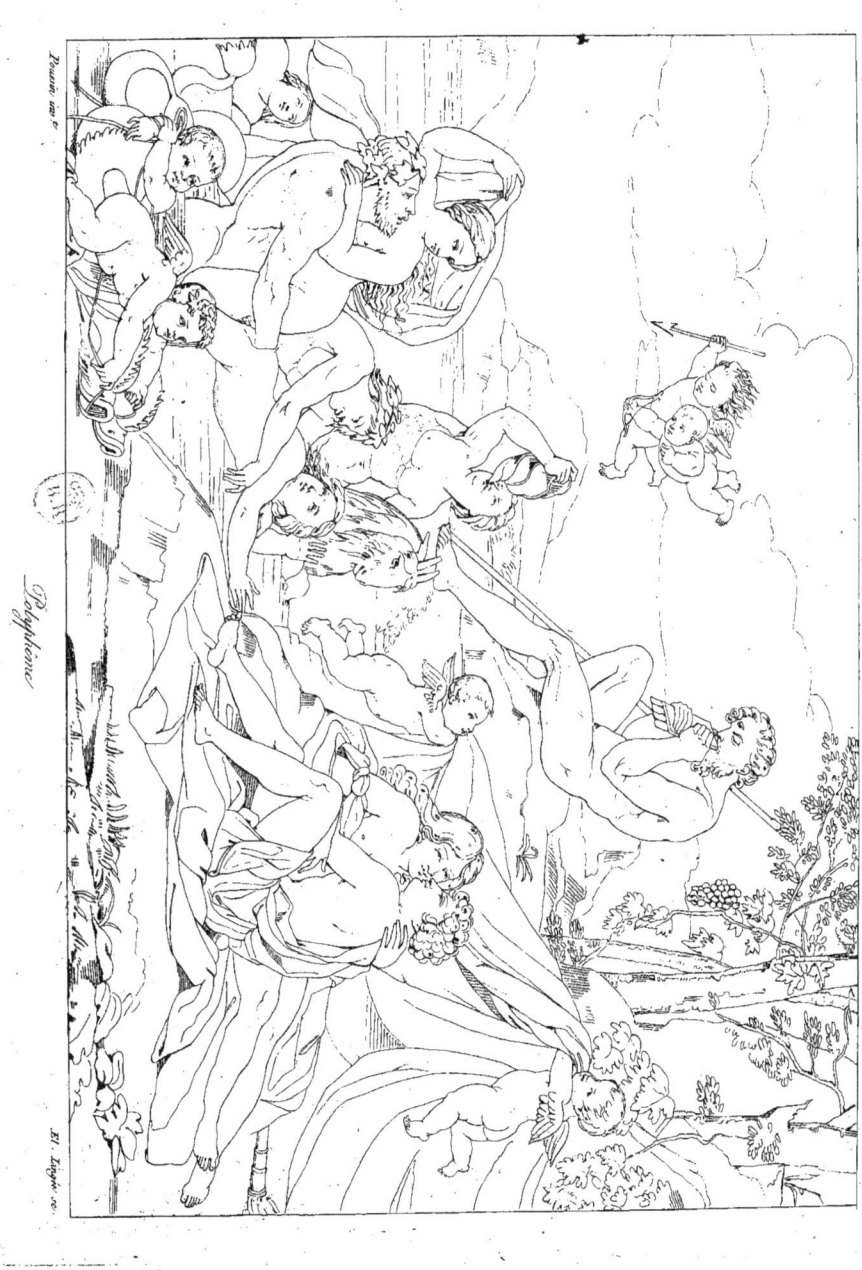

Poussin inv.

Polypheme

El. Legris sc.

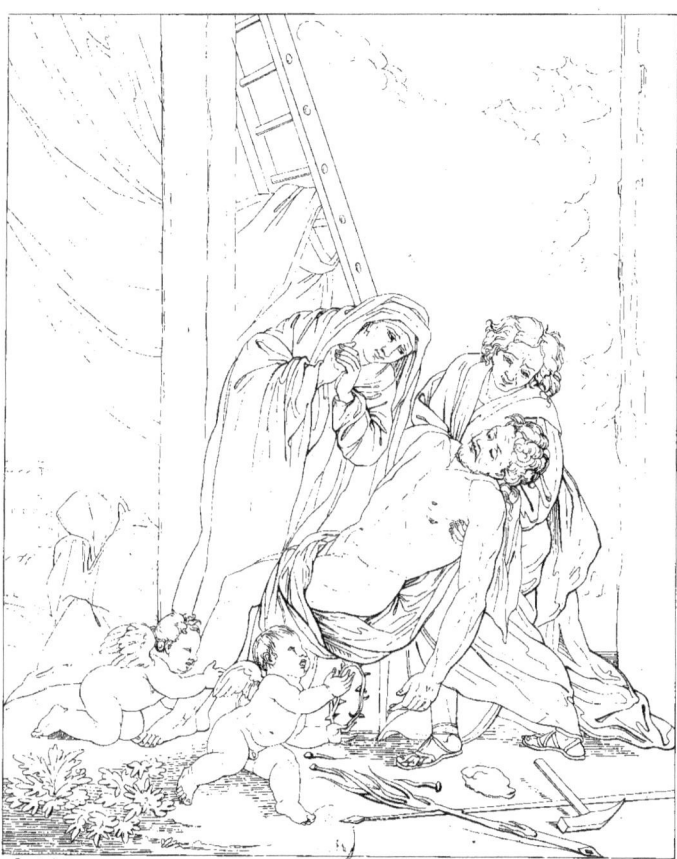

Poussin in.   Mme Soyer née Landon sc.

La descente de Croix.

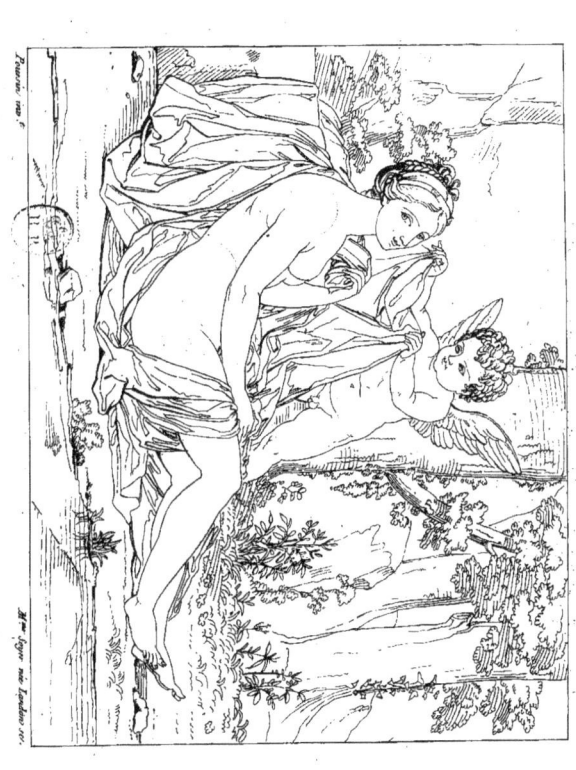

Venus & l'Amour

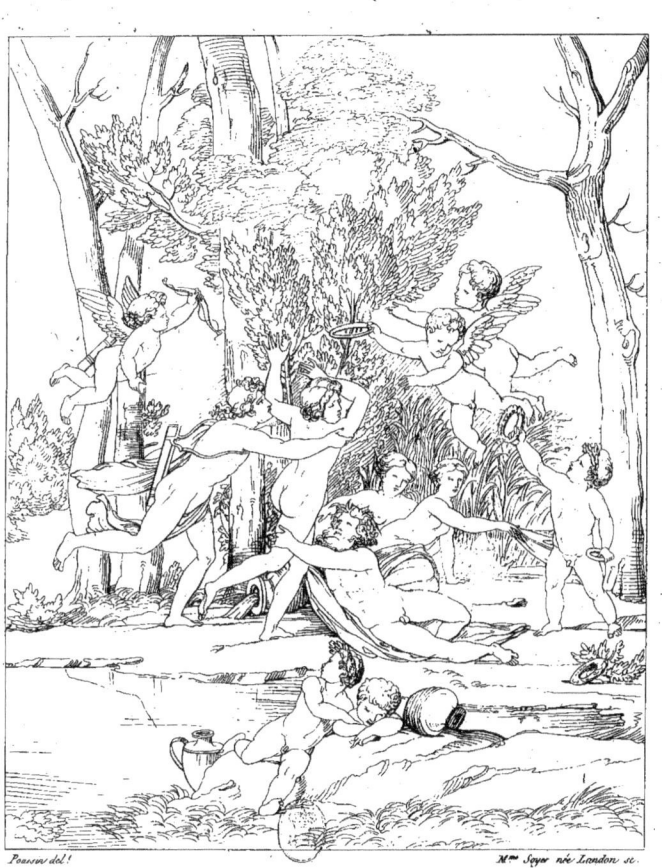

Poussin del.!   Mme Soyer née Landon sc.

Apollon & Daphné.

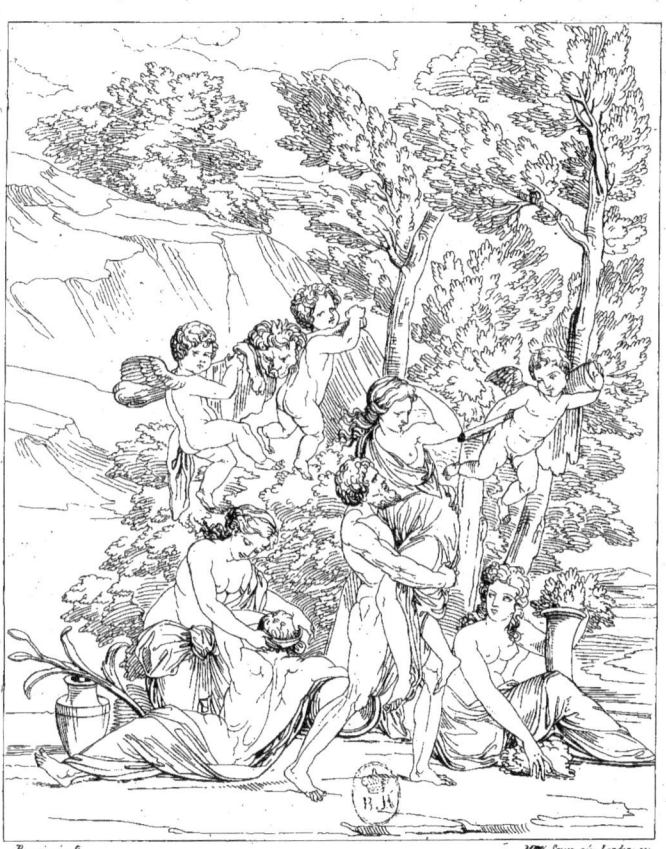

Poussin inv.t   M.me Soyer née Landon sc.

Hercule enleve une Nymphe.

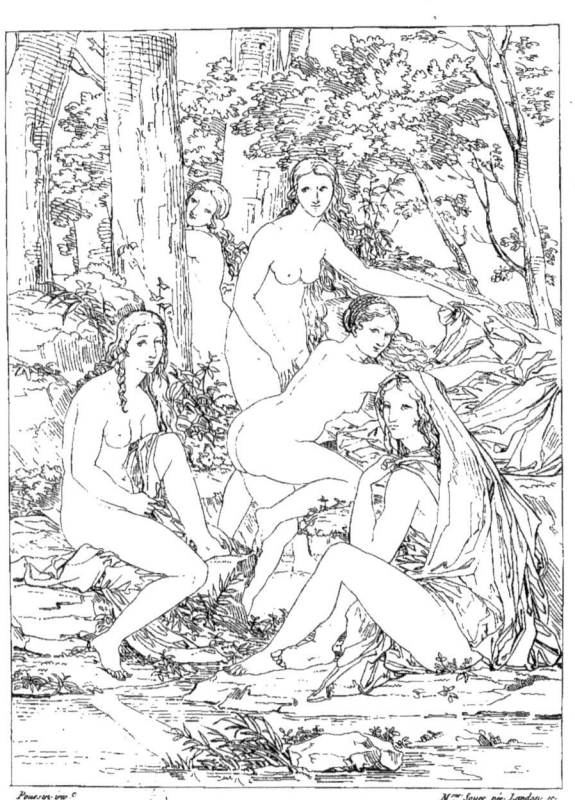

Poussin inv.   M.me Soyer née Landon sc.

Nymphes au bain.

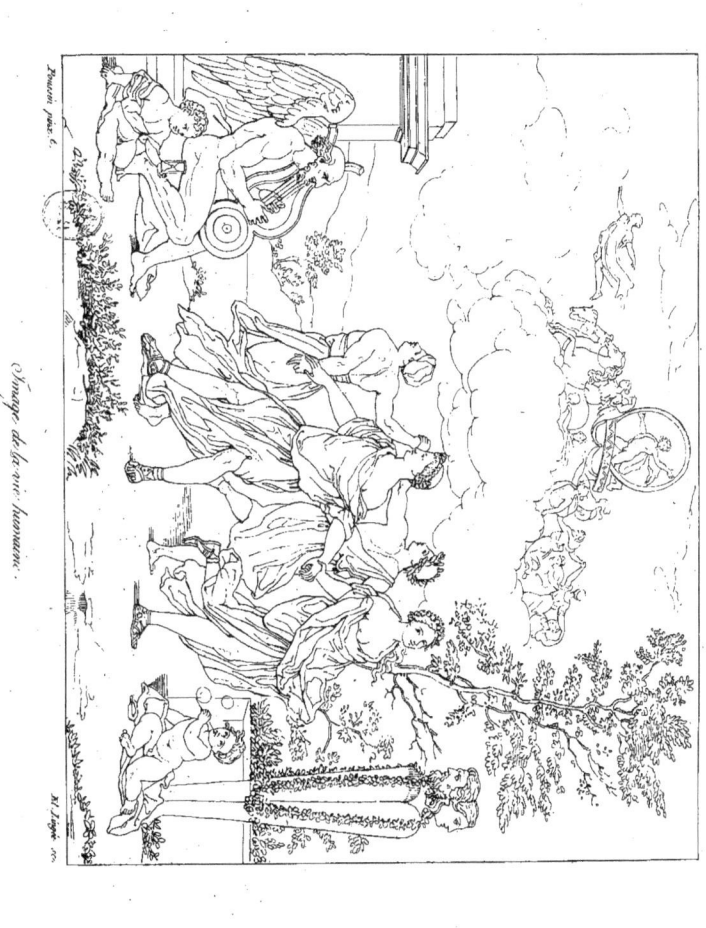

Image de la vie humaine.

Poussin pinx. c.

El Lapie sc.

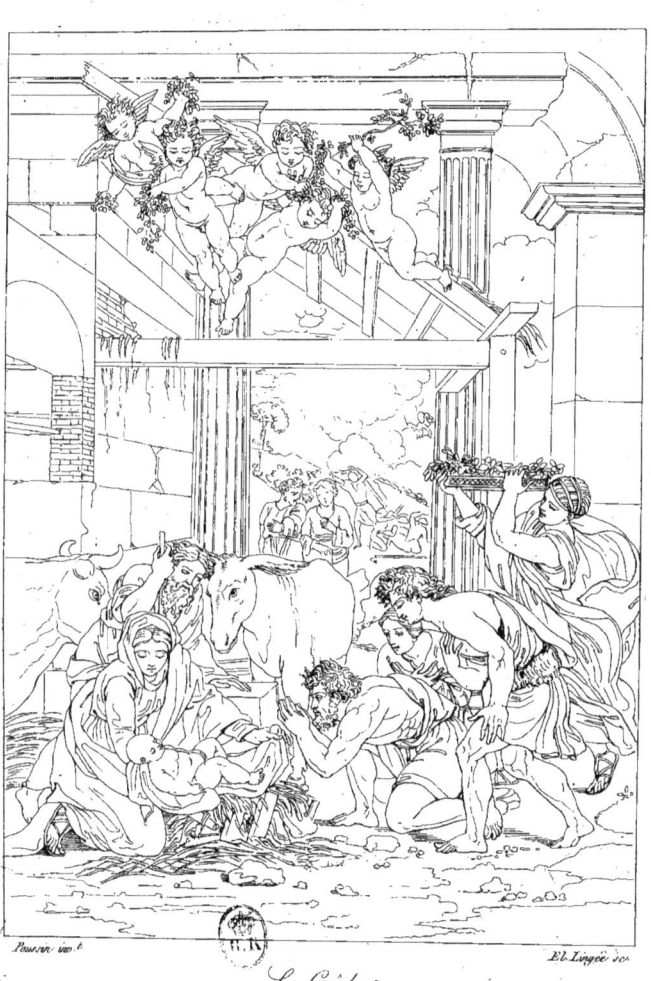

Poussin inv.t   El. Lingée sc.

La Crèche.

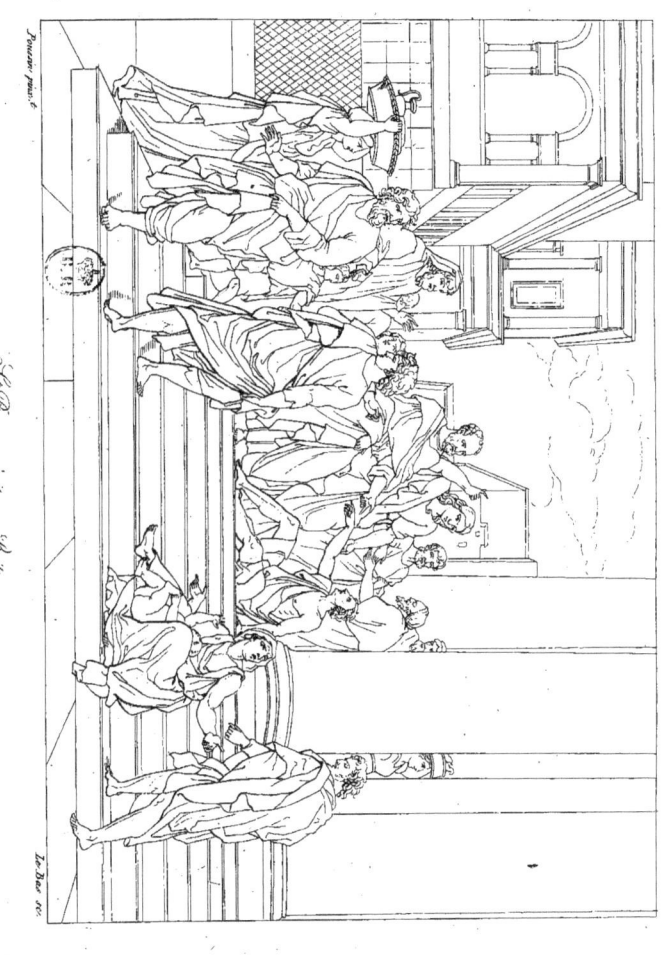

Poussin pinx.ᵗ

Le Bas scu.

St. Pierre guérit un Boiteux.

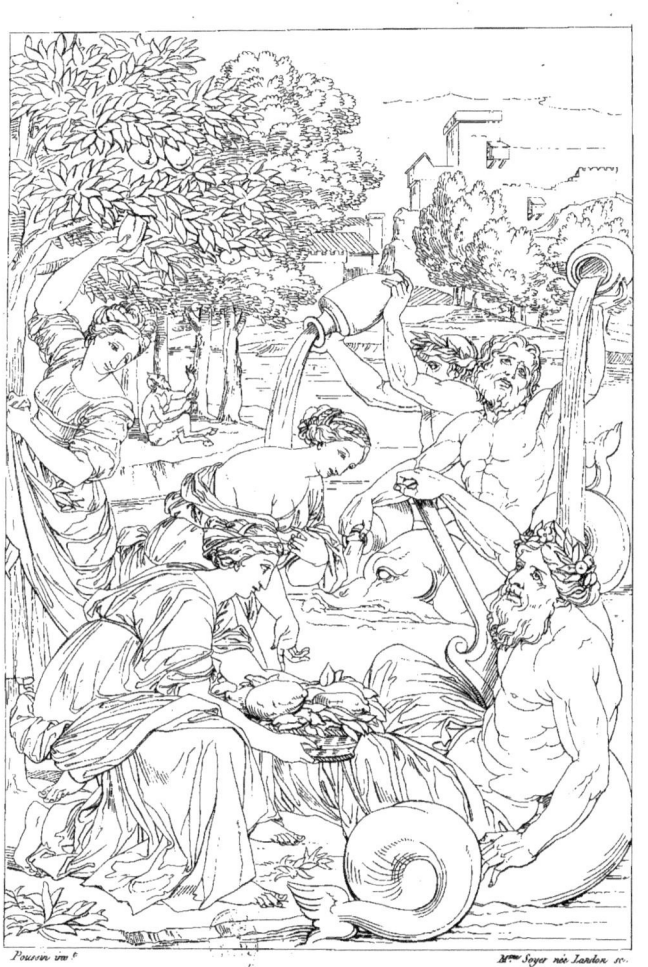

Poussin inv.^t   Mme Soyer née Landon sc.

Les Nymphes des Hespérides.

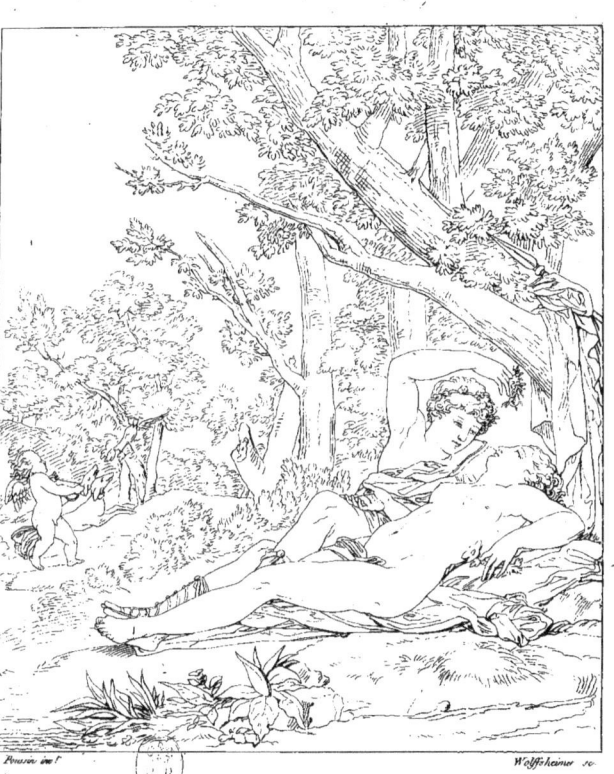

Poussin inv.t   Wolffsheimer sc.

Vénus & Adonis.

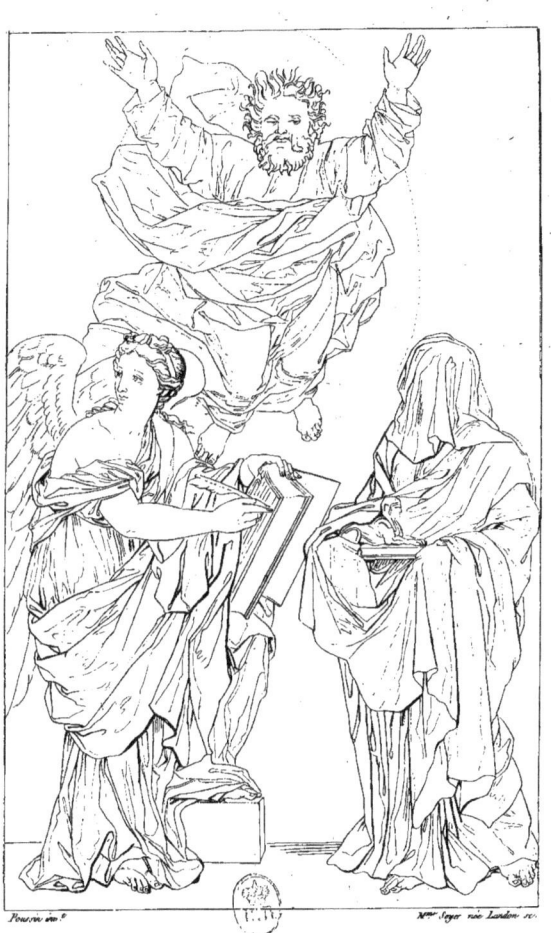

Poussin inv.ᵗ   Mᵐᵉ Soyer née Landon sc.

Frontispice pour une Bible.

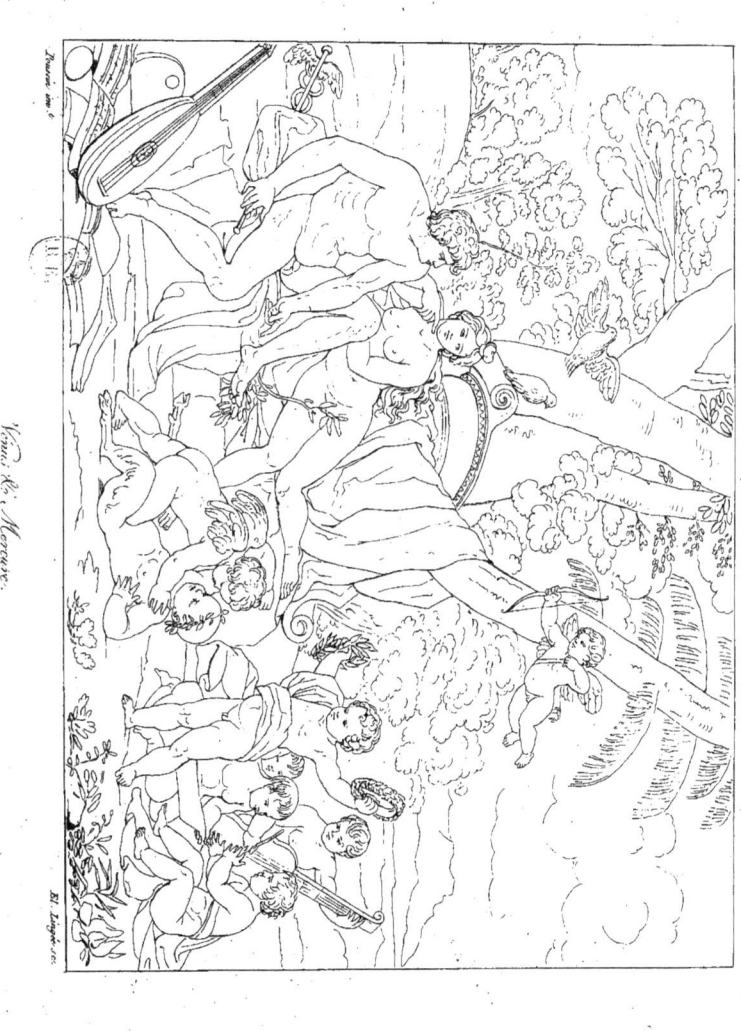

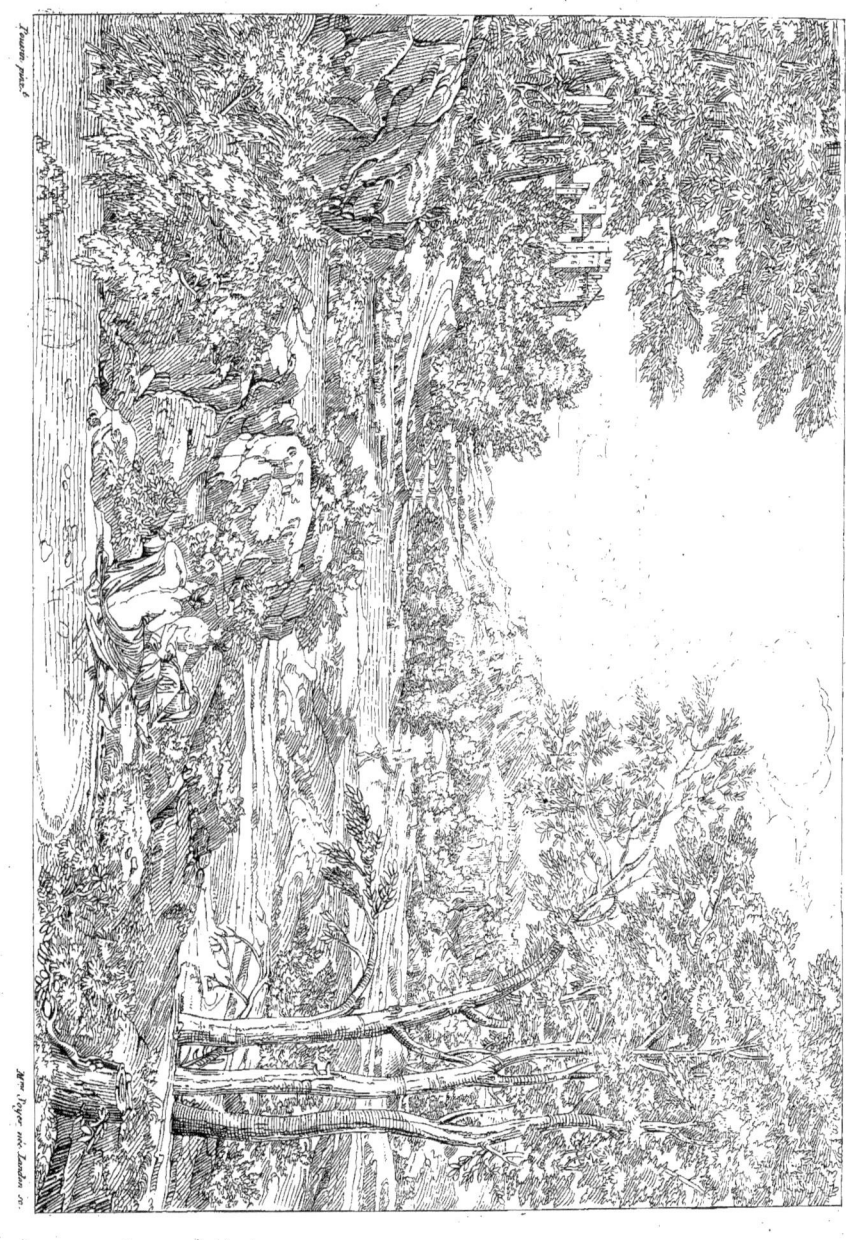

Poussin pinx.

Paysage.

M.me Veyrier rue Saulin 11.

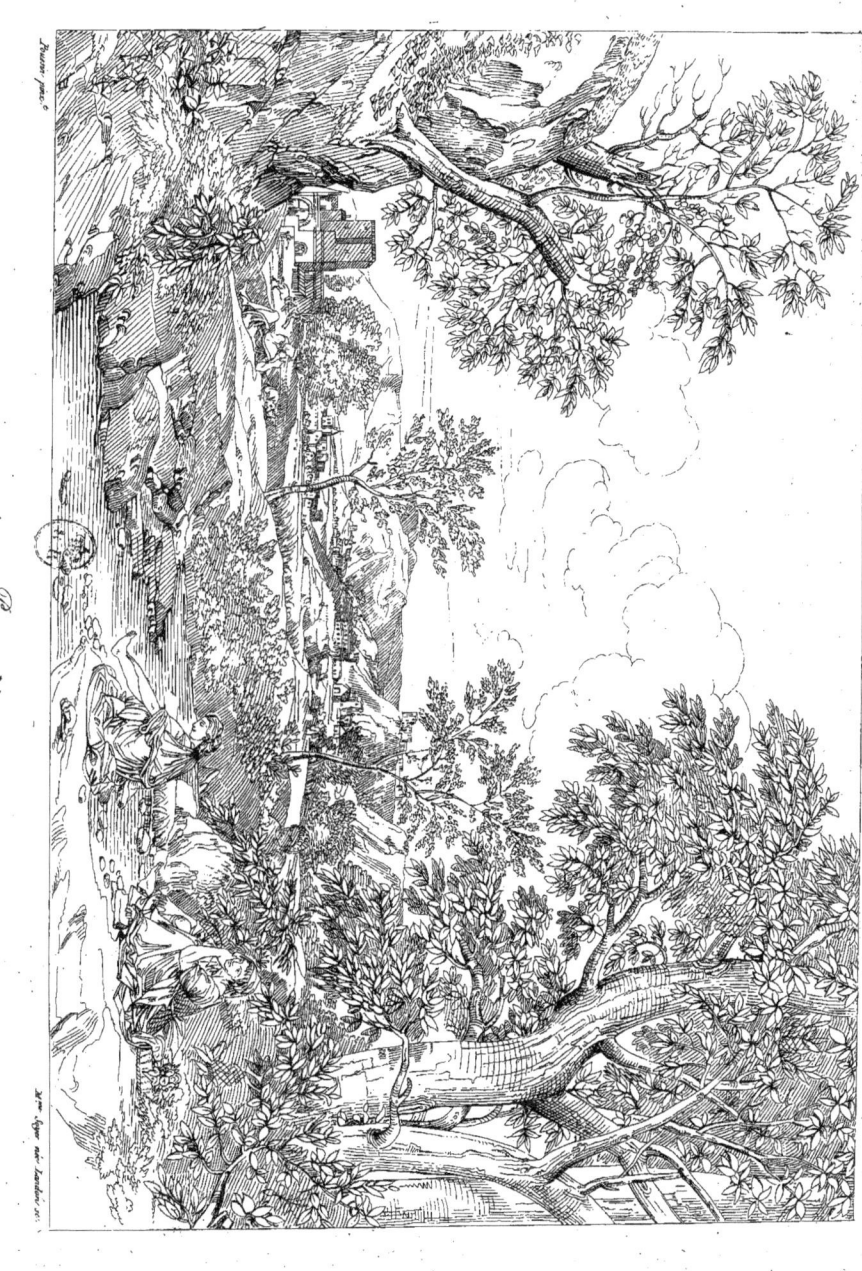

Paysage.

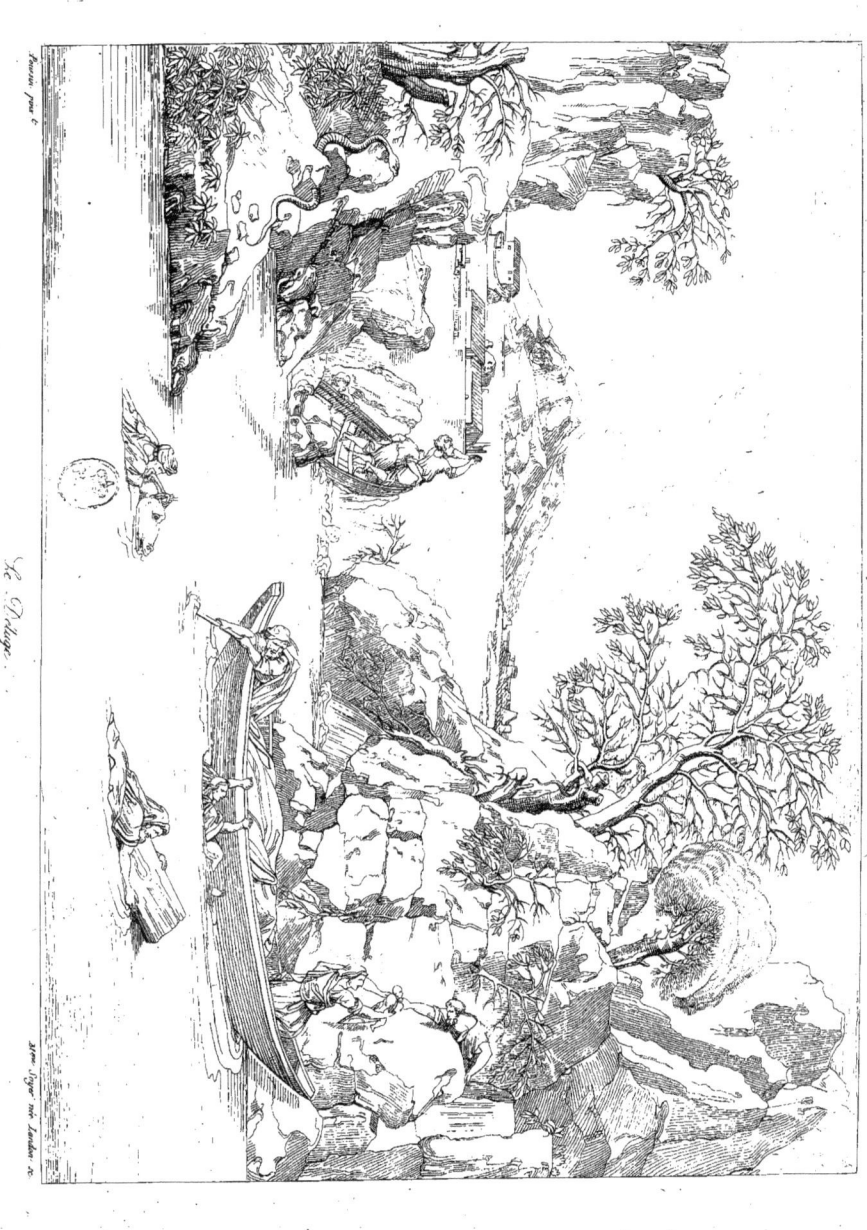

Le Déluge.

Gravé par C.

Mme Ogier rue London &c

VIES ET OEUVRES

DES

PEINTRES LES PLUS CELÈBRES.